Die besten Rezepte
aus der
Landfrauenküche

Die besten Rezepte aus der Landfrauenküche

Herausgegeben von
Sabine Vonderstein
& Patrik Jaros

PaRragon

Bath · New York · Singapore · Hong Kong · Cologne · Delhi
Melbourne · Amsterdam · Johannesburg · Shenzhen

Ein Teelöffel entspricht 5 ml, ein Esslöffel 15 ml. Soweit nicht anders angegeben, wird Vollmilch verwendet. Die Angaben zu Kartoffeln und Gemüse beziehen sich auf mittlere Größen. Pfeffer ist immer frisch gemahlen. Die Eier sind ebenfalls von mittlerer Größe und immer aus Freilandhaltung. Orangen und Zitronen sind unbehandelt, da die Schale häufig zum Aromatisieren verwendet wird.

Kinder, ältere Menschen, Schwangere, Kranke oder in Rekonvaleszenz befindliche Personen sollten auf Rezepte mit rohen oder leicht gegarten Eiern, auf rohen Fisch und rohe Meeresfrüchte sowie Erdnüsse oder Erdussprodukte verzichten.

Allergiker bitten wir zu beachten, dass einige Fertigprodukte, die in den Rezepten verwendet werden, allergene Bestandteile enthalten können und daher immer sorgfältig die Inhaltsstoffe der Produkte überprüft werden müssen.

Bewahren Sie Lebensmittelreste immer im Kühlschrank auf und prüfen Sie sie vor ihrer Verwendung gewissenhaft auf ihre Verwertbarkeit. Verdorbene Lebensmittel dürfen auf keinen Fall verzehrt werden.

Alle Rezepte in diesem Buch wurden mit größtmöglicher Sorgfalt und Liebe zubereitet, verkostet und überprüft.

Copyright © Parragon Books Ltd
Chartist House
15-17 Trim Street
Bath BA1 1HA, UK
www.parragon.com

Projektkoordination + Design: Sabine Vonderstein, Köln
Vorwort + Lektorat: Juliane Steinbrecher, Köln
Fotografien + Foodstyling: Patrik Jaros / www.food-experts-group.com
Rezepte: Patrik Jaros / www.food-experts-group.com
Assistenz Küche: Holger Maas, Eva Peter, Claudia Wörner
Fotostyling: Sabine Vonderstein
mit Ausnahme von:
iStock: S. 2–6 Hintergrund, 65, 203
Illustrationen aus Privatbesitz

ISBN: 978-1-4723-0926-6

Printed in China

Inhalt

Vorwort

Frische Produkte aus dem eigenen Garten oder vom Feld,
traditionelle Rezepte und originale Geschmackserlebnisse -
das sind die Markenzeichen der Landfrauenküche. Kräuter,
Gemüse, Obst, Fleisch und Fisch, alles, was Land, Wiese
und Gewässer hergeben, wird fein oder deftig verarbeitet.
Entsprechend der Jahreszeiten und des Gartenkalenders
finden Sie in diesem Buch rund 100 klassische Vorspeisen,
Hauptgerichte und Nachspeisen zusammengestellt, die appetitlich
und stimmungsvoll umgesetzt sind: von der schlichten
Sauerampfersuppe über den allseits beliebten Döppekuchen aus
Kartoffeln oder den rustikalen Sauerbraten bis hin zu Süß-
speisen wie Arme Ritter oder Zwetschgenstrudel. Lassen
Sie sich inspirieren von der Frische und Vielfalt der Landfrauenküche sowie von den anmutigen Bildseiten und Menü-
arrangements - und entdecken Sie alte Rezepte neu.

Viel Vergnügen & gutes Gelingen
Sabine & Patrik

Frühling

Suppen, Salate & Vorspeisen

Hauptspeisen

Nachspeisen & Süßes

Sauerampfersuppe mit Kartoffeln

Für 4 Personen
Zubereitungszeit: 35 Minuten
Schwierigkeitsgrad: mittel

5 Champignons
1 Schalotte
400 g festkochende Kartoffeln
20 g Butter
Salz
frisch gemahlener schwarzer
   Pfeffer
frisch geriebene Muskatnuss
1 l Geflügelbrühe
100 g frischer Sauerampfer
300 g Sahne
200 g saure Sahne

1 Die Stiele der Champignons abschneiden und die Pilzköpfe mit Küchenpapier abreiben. Die Schalotte schälen und zusammen mit den Champignonköpfen in feine Würfel schneiden. Die Kartoffeln schälen und in 1 cm große Würfel schneiden.

2 Die Butter in einem Topf zerlassen und Schalotten- und Champignonwürfel darin glasig andünsten. Die Kartoffelwürfel zugeben, mit Salz, Pfeffer und Muskatnuss würzen und 1 weitere Minute dünsten.

3 Die Brühe unter Rühren angießen. Die Suppe aufkochen und bei geringer Hitze etwa 10 Minuten köcheln lassen.

4 Den Sauerampfer waschen, verlesen und die Blätter von den Stängeln zupfen. Die Sauerampferblätter in feine Streifen schneiden.

5 Sahne und saure Sahne in die Suppe rühren und diese kurz aufkochen.

6 Die Sauerampferblätter auf Teller oder Schalen verteilen und die heiße Suppe darübergießen. Kräftig mit Pfeffer abschmecken und servieren.

Die Sauerampfersuppe kann sehr schmackhaft mit Forellenfilet verfeinert werden: Forellenfilets in kleine Stücke schneiden und kurz vor dem Servieren in die Suppe geben.

Radieschensalat mit Schnittlauchblütenbrot

Für 4 Personen

Zubereitungszeit: 15 Minuten

Schwierigkeitsgrad: sehr einfach

1 Knoblauchzehe
1½ TL scharfer Senf
1 Prise weißer Pfeffer
1 TL Salz
1 EL Zucker
5 EL Weißweinessig
150 ml natives Olivenöl extra
4 Bund Radieschen
1 Bund frischer Schnittlauch
4 große Scheiben Bauernbrot
80 g Süßrahmbutter
8–10 Schnittlauchblüten
grobes Salz, zum Bestreuen

1 Den Knoblauch schälen und eine Schüssel damit ausreiben – das ist ausreichend, um der Vinaigrette den nötigen Knoblauchgeschmack zu geben.

2 Senf, Pfeffer, Salz und Zucker in die Schüssel geben, den Essig zugießen und rühren, bis Salz und Zucker vollständig aufgelöst sind.

3 Das Öl zugießen und mit einem Schneebesen einruhren, bis die Vinaigrette eine cremige Konsistenz hat.

4 Die Radieschen vom Laub und den grünen Stielansätzen befreien, die Spitzen abschneiden, waschen und in Viertel schneiden. In die Schüssel geben und mit der Vinaigrette mischen.

5 Den Schnittlauch waschen, verlesen und in 3 cm lange Stücke schneiden. Die Brotscheiben großzügig mit der Butter bestreichen.

6 Den Radieschensalat auf Tellern anrichten und die Schnittlauchstücke darübergeben. Die Butterbrote mit Schnittlauchblüten und Salz bestreuen und zum Salat servieren.

Im Kühlschrank können Radieschen mehrere Tage lang frisch gehalten werden, wenn man das Laub vollständig entfernt und sie in ein feuchtes Tuch einschlägt oder in etwas Wasser legt.

Selleriesuppe mit Knoblauchbrot

Für 4 Personen
Zubereitungszeit: 45 Minuten
Schwierigkeitsgrad: einfach

Selleriesuppe:
1 Zwiebel
750 g Sellerieknolle
40 g Butter
1½ l Geflügel- oder
   Gemüsebrühe
1 Prise Salz
1 Prise frisch geriebene
   Muskatnuss
400 g Sahne
100 g saure Sahne

Knoblauchbrot:
4 Scheiben Bauernbrot (Sauerteig)
1 EL Öl
1 Knoblauchzehe

1 Für die Suppe die Zwiebel schälen, halbieren und in feine Würfel schneiden. Die Sellerieknolle waschen, schälen und in 2 cm große Stücke schneiden.

2 Die Butter in einem mittelgroßen Topf zerlassen und die Zwiebel darin glasig andünsten. Die Selleriewürfel zugeben und weitere 5 Minuten bei mittlerer Hitze dünsten, ohne dass der Sellerie braun wird.

3 Die Brühe angießen und mit Salz und Muskat würzen. Erneut aufkochen und bei geringer Hitze etwa 15 Minuten köcheln lassen.

4 Mit einer Gabel prüfen, ob die Selleriewürfel weich sind. Sahne und saure Sahne zugeben und erneut kurz aufkochen.

5 Die Suppe mit einem Pürierstab kurz pürieren, sodass die Selleriewürfel noch gut erkennbar sind.

6 Für das Knoblauchbrot die Brotscheiben mit dem Öl bestreichen und in der Pfanne von beiden Seiten rösten. Die Knoblauchzehe schälen und die Brote damit einreiben. Zur Selleriesuppe servieren.

Für eine noch sämigere Suppe zusätzlich 100 g mehlig kochende Kartoffeln ergänzen. Diese schälen, in 1 cm große Würfel schneiden und zusammen mit dem Sellerie dünsten.

Hochzeitssuppe mit Markklößchen, Pfannkuchen & Backerbsen

Für 6 bis 8 Personen
Zubereitungszeit: 4 Stunden
Schwierigkeitsgrad: mittel

Suppe:
500 g Rinderbrust
500 g Beinscheibe vom Rind
2 Markknochen vom Rind
5 l Wasser
2 EL grobes Salz
200 g Karotten
¼ Sellerieknolle
2 Petersilienwurzeln
1 Porreestange
3 Zwiebeln
1 Suppenhuhn, küchenfertig
1 TL schwarze Pfefferkörner
5 Gewürznelken
10 Pimentkörner
1 Lorbeerblatt
1 Bund glatte Petersilie

Markklößchen:
80 g frisches Rindermark
3 Eigelb
Salz
frisch geriebene Muskatnuss
1 TL fein gehackte Petersilie
1 EL Instantmehl
50 g Semmelbrösel

Pfannkuchen:
siehe Seite 114, aber statt Zucker:
Salz und schwarzer Pfeffer
1 Bund Schnittlauch, fein gehackt

Backerbsen:
siehe Seite 176

1 Rindfleisch, Beinscheibe und Markknochen waschen, mit dem Wasser in einen großen Topf geben, salzen und bei geringer Hitze 1½ Stunden köcheln lassen. Den dabei entstehenden Schaum immer wieder abschöpfen.

2 Karotten, Sellerie und Petersilienwurzeln schälen und in grobe Stücke schneiden. Von der Porreestange grüne Teile und Stielansatz abschneiden, die Stange waschen und in grobe Stücke schneiden. Die äußeren Schalen von den Zwiebeln abreiben, den Stielansatz abschneiden und sie halbieren.

3 Das Huhn waschen und mit Gemüse und Zwiebeln in die Rinderbrühe geben. Pfefferkörner, Gewürznelken und Pimentkörner in einem Mörser zerstoßen und mit dem Lorbeerblatt in die Suppe geben. Erneut 1½ Stunden köcheln lassen, dabei immer wieder mit Wasser auf die ursprüngliche Menge auffüllen, damit das Fleisch gut auskochen kann.

4 In der Zwischenzeit für die Markklößchen das Mark in einer Pfanne bei schwacher Hitze schmelzen lassen, durch ein Sieb in eine Schüssel passieren und mit einem Schneebesen schaumig rühren. Nach und nach das Eigelb einrühren. Mit Salz, Muskatnuss und Petersilie würzen. Dann Mehl und Brösel unterrühren. Mit feuchten Händen kleine, etwa 10 g schwere Klößchen formen und diese 30 Minuten im Kühlschrank ruhen lassen.

5 Die Klößchen in kochendes Salzwasser geben, aufkochen und 10 Minuten bei geringer Hitze ziehen lassen. Herausnehmen und beiseitestellen.

6 Den Pfannkuchenteig (s. S. 114) mit Salz, Pfeffer und Schnittlauch zubereiten. Dünne Pfannkuchen ausbacken, diese zusammenrollen, in feine Streifen schneiden und beiseitestellen.

7 Die Backerbsen zubereiten (s. S. 176).

8 Fleisch, Suppenhuhn und Gemüse mit einem Schaumlöffel aus der Brühe heben und in kleine Stücke schneiden. Die Petersilie waschen, die Blätter von den Stängeln zupfen und fein schneiden. Die Stängel in ein feines Sieb geben und die heiße Suppe darüber in einen anderen Topf passieren.

9 Fleisch- und Gemüsestücke, Markklößchen, Pfannkuchenstreifen und Backerbsen in die Suppe geben, kurz erneut erhitzen und mit der Petersilie bestreut servieren.

Soleier mit Schnittlauchbrot

Für 4 bis 6 Personen
Zubereitungszeit: 20 Minuten
Ruhezeit: 1 Tag
Schwierigkeitsgrad: einfach

Soleier:
1 l Wasser
4 EL Salz
1 TL weiße Pfefferkörner
1 getrocknete Chili
3 Knoblauchzehen
5 Lorbeerblätter
1 EL Senfkörner, plus etwas
  mehr nach Belieben
10 Eier

Schnittlauchbrot:
4 Scheiben Bauernbrot (Sauerteig)
60 g Bauernbutter
4 TL feiner mittelscharfer Senf
1 Bund Schnittlauch
grobes Salz, zum Servieren

1 Für die Soleier Wasser, Salz, Pfefferkörner, Chili, Knoblauchzehen, Lorbeerblätter und Senfkörner in einem Topf aufkochen.

2 Die Eier in das kochende Wasser legen und 6 Minuten kochen. Dann herausheben, kurz unter kaltem Wasser abschrecken und ringsherum leicht anklopfen, damit die Schalen ganz feine Risse bekommen.

3 Die Eier mit der Flüssigkeit in ein Einweckglas geben, kalt stellen und vor dem Verzehr mindestens 1 Tag in der Flüssigkeit durchziehen lassen. Im Glas sind die Eier gekühlt mehr als 1 Monat haltbar.

4 Für das Schnittlauchbrot die Brotscheiben mit der Butter bestreichen. Den Senf auf den Broten in die Butter streichen. Den Schnittlauch verlesen, waschen und in feine Röllchen schneiden, danach großzügig auf den Broten verteilen.

5 Die Soleier schälen und halbieren. Zusammen mit den Schnittlauchbroten servieren. Mit grobem Salz und nach Belieben mit Senfkörnern bestreuen.

Zu den Soleiern können auch Essiggurken oder scharfer Senf serviert werden.

Porree-Quiche

Für 4 Personen
Zubereitungszeit: 35 Minuten
Ruhezeit: 30 Minuten
Ofenzeit: 15 bis 20 Minuten
Schwierigkeitsgrad: mittel

Teig:
200 g Mehl
100 g Butter, plus etwas mehr
    zum Einfetten
½ TL Salz
1 Ei
1 EL Wasser

Belag:
250 g Porree
100 g Bauchspeck, in Scheiben
40 g Butter
Salz
1 Prise schwarzer Pfeffer
150 g Sahne
3 Eier
1 Prise frisch geriebene
    Muskatnuss
200 g fein geriebener Gruyère

1 Für den Teig das Mehl auf eine Arbeitsfläche sieben. Butter und Salz mit den Händen unter das Mehl kneten. Danach Ei und Wasser zugeben und alles zügig zu einem glatten Teig verarbeiten, damit die Butter nicht zu warm wird und der Teig beim Backen keine Blasen wirft. In Frischhaltefolie wickeln und 30 Minuten im Kühlschrank ruhen lassen.

2 Den Backofen auf 180 °C vorheizen und eine Tarteform (24 cm Ø) mit Butter einfetten.

3 Den Teig auf einer bemehlten Fläche mit einer Teigrolle etwa 3 mm dick und etwas größer als die Form ausrollen. In die Form legen, den Rand hochziehen und den überstehenden Teig abschneiden. Den Boden mehrmals mit einer Gabel einstechen. Bis zur weiteren Verarbeitung in den Kühlschrank stellen.

4 Für den Belag die äußeren Blätter und die Wurzelansätze der Porreestangen entfernen und die Stangen in Ringe schneiden. Unter fließendem Wasser waschen und gut abtropfen lassen. Den Speck in feine Streifen schneiden.

5 Die Butter in einer Pfanne zerlassen, die Speckstreifen darin kurz anbraten und den Porree zugeben. Mit Salz und Pfeffer würzen und den Porree etwa 5 Minuten dünsten, bis er zusammenfällt und die Flüssigkeit verkocht ist.

6 Sahne, Eier, Salz, Pfeffer und Muskatnuss mit einem Schneebesen in einer Schüssel verquirlen.

7 Den Porree in die Form geben und gleichmäßig auf dem Teig verteilen. Den Käse darüberstreuen und alles mit der Sahne-Ei-Mischung übergießen. Die Quiche im Ofen 15 bis 20 Minuten backen. Dann aus dem Ofen nehmen, kurz ruhen lassen und servieren.

Die Porree-Quiche kann sehr gut mit Joghurt-Schnittlauchsauce (s. S. 144) serviert werden.

Klassischer Heringssalat mit Rote Beten

Für 4 Personen
Zubereitungszeit: 40 Minuten
Ruhezeit: 4 Stunden
Schwierigkeitsgrad: mittel

400 g Kartoffeln
8 Matjesfilets
1 Zwiebel
2 Äpfel (Boskop)
300 g gekochtes Rindfleisch
200 g Gewürzgurken
400 g Rote Beten aus dem Glas
200 g saure Sahne
100 ml Mayonnaise (s. S. 201)
2 EL Obstessig
1 Prise Zucker
frisch gemahlener schwarzer
  Pfeffer
Salz
1 Ei
1 EL feine Kapern

1 Die Kartoffeln waschen und in reichlich Salzwasser etwa 20 Minuten kochen. Unter kaltem Wasser abschrecken, abtropfen lassen, schälen und in 1 cm große Würfel schneiden.

2 Die Matjesfilets abspülen, mit Küchenpapier trocken tupfen und in 1 cm breite Streifen schneiden.

3 Die Zwiebel schälen, halbieren und fein würfeln. Die Äpfel schälen, vierteln, vom Kerngehäuse befreien und in 1 cm große Würfel schneiden. Rindfleisch und Gewürzgurken in 1 cm große Stücke schneiden.

4 Die Rote Beten in ein Sieb gießen, abtropfen lassen und vierteln.

5 Für die Marinade saure Sahne, Mayonnaise und Essig in einer Schüssel verrühren. Mit Zucker, Pfeffer und Salz würzen.

6 Alle Salatzutaten bis auf die Rote Beten unterheben und den Salat mindestens 4 Stunden im Kühlschrank abgedeckt marinieren lassen.

7 Das Ei in kochendem Wasser 10 Minuten hart kochen, in kaltem Wasser abschrecken, schälen und fein hacken.

8 Den Heringssalat noch einmal abschmecken und auf Tellern anrichten. Kapern und Ei darübergeben und die Rote Bete darüber verteilen.

Senfeier mit Petersilienkartoffeln

Für 4 Personen
Zubereitungszeit: 40 Minuten
Schwierigkeitsgrad: einfach

Petersilienkartoffeln:
1 kg mehlig kochende Kartoffeln
Salz
½ Bund glatte Petersilie
40 g Butter

Senfeier:
1 Zwiebel
1 Lorbeerblatt
2 Gewürznelken
60 g Butter
30 g Mehl
750 ml Milch
Salz
1 Prise weißer Pfeffer
1 Prise frisch geriebene
  Muskatnuss
250 g Sahne
150 g Schmand
2 EL mittelscharfer Senf
1 EL scharfer Senf
8 Eier

1 Für die Senfeier die Zwiebel schälen und mit Lorbeerblatt und Gewürznelken spicken. Die Butter in einem Topf zerlassen und das Mehl darin anschwitzen. Die Milch nach und nach mit einem Schneebesen unterrühren, damit sich die Mehlschwitze auflöst.

2 Die Zwiebel in die Sauce geben und alles etwa 15 Minuten bei geringer Hitze köcheln, dabei öfter umrühren. Mit Salz, Pfeffer und Muskatnuss würzen. Dann die Sahne einrühren und die Sauce erneut kurz aufkochen.

3 Die Sauce durch ein feines Sieb passieren; die Siebrückstände wegwerfen. Schmand und beide Senfsorten mit einem Schneebesen einrühren und die Sauce bis zur weiteren Verwendung beiseitestellen.

4 Für die Petersilienkartoffeln die Petersilie waschen, die Blätter von den Stängeln zupfen und klein schneiden. Die Kartoffeln waschen, schälen und vierteln. In reichlich Salzwasser etwa 15 Minuten kochen. Dann das Wasser abschütten und die heißen Kartoffeln mit Butter und Petersilie vermischen.

5 In der Zwischenzeit die Eier etwa 10 Minuten kochen, mit kaltem Wasser abschrecken und schälen. In die Senfsauce geben und diese noch einmal kurz aufwärmen. Die Petersilienkartoffeln auf einem Teller mit jeweils zwei Eiern und Senfsauce anrichten und servieren.

Die Senfsauce kann warm oder auch kalt sehr gut zum Roastbeef (s. S. 36) oder zu Fischgerichten (s. S. 148, 200) serviert werden.

Dill, in Salz eingelegt

Ergibt 1 kg
Zubereitungszeit: 10 Minuten
Schwierigkeitsgrad: sehr einfach

600 g Dill mit Stielen und Blüten
400 g mittelfeines Meersalz

1 Den Dill waschen, abtropfen lassen und grob schneiden, nach Belieben mit den Blüten. Auf einem Backblech ausbreiten und das Salz darüber verteilen.

2 Dill und Salz mit den Händen leicht verkneten, sodass beides gut miteinander vermischt ist.

3 Anschließend in einen Topf oder ein Glas schichten, mit Backpapier abdecken und etwas beschweren. Bis zum Gebrauch kühl lagern.

Tipp: Der Dill kann durch das Einlegen mit Salz in der Sommerzeit für den Winter haltbar gemacht werden. Eingelegter Dill eignet sich sehr gut zum Würzen und Verfeinern von Saucen, Suppen oder Salaten. Dabei aber bedenken, dass er sehr salzig ist – deshalb vorsichtig würzen.

Auch andere Gartenkräuter, wie Basilikum, Petersilie, Schnittlauch oder Koriander können zum Konservieren und für die ganzjährige Verwendung in Salz eingelegt werden.

Kümmelbrot

Ergibt 1 mittelgroßes Brot
Zubereitungszeit: 65 Minuten
Ruhezeit: 2 Stunden, 45 Minuten
Backzeit: 50 Minuten
Schwierigkeitsgrad: schwierig

250 g Roggenmehl (Type 1150)
500 g Weizenmehl (Type 550),
   plus etwas mehr zum Bestäuben
600 ml lauwarmes Wasser
2 TL Kreuzkümmelsamen
1 TL Meersalz
20 g frische Hefe
1 TL Zucker
20 g Butter
1 EL Öl

Nach Belieben:
Butter, zum Bestreichen
Salz, zum Bestreuen

1 150 g Roggenmehl und 150 g Weizenmehl in eine Schüssel sieben. Mit 500 ml Wasser, 1 Teelöffel Kümmel und Meersalz verrühren. Den Teig 1 Stunde ruhen lassen.

2 Die Hefe in einer Schale mit 100 ml Wasser und Zucker verrühren und 15 Minuten gehen lassen. Dann aufgegangene Hefe, Butter und Öl zum Teig geben und alles verrühren.

3 Nach und nach restliches Weizen- und Roggenmehl zugeben und alles mit den Händen zu einem glatten Teig verkneten. Dann in einer Küchenmaschine mit Knethaken weitere 5 Minuten kneten.

4 Den Teig mit einem Küchentuch abgedeckt erneut mindestens 1 Stunde gehen lassen.

5 Den Teig auf einer bemehlten Arbeitsfläche erneut durchkneten, zu einem länglichen Brotlaib formen und durch den restlichen Kümmel rollen. Den Laib auf ein Backblech legen, mit Mehl bestäuben, mit einem Küchentuch abdecken und wieder 30 Minuten gehen lassen. Den Backofen auf 210 °C vorheizen.

6 Den Brotlaib an der Oberseite mit einem Messer leicht einschneiden und im Ofen auf mittlerer Schiene etwa 50 Minuten backen. Danach herausnehmen und auskühlen lassen.

7 Das Brot aufschneiden und nach Belieben mit frischer Butter bestreichen und mit etwas Salz bestreuen.

Zum Kümmelbrot schmecken sehr gut Tomatenscheiben mit roten Zwiebelstreifen und geräucherter Schinken sowie Radieschensalat (s. S. 14) oder Matjestatar (s. S. 44).

Grüner Spargel mit Eiervinaigrette

Für 4 Personen
Zubereitungszeit: 40 Minuten
Schwierigkeitsgrad: einfach

Spargel:
800 g grüner Spargel
3 l Wasser
1 EL Salz
2 EL Zucker

Eiervinaigrette:
150 ml Essig-Öl-Vinaigrette
  (s. S. 15)
2 Schalotten
2 Zweige Minze
½ Bund Petersilie
½ Bund Kerbel
½ Bund Schnittlauch
4 Eier
Salz

1 Das untere Drittel der Spargelstangen schälen und die Enden 1 cm lang abschneiden.

2 Das Wasser mit Salz und Zucker aufkochen und den Spargel darin etwa 5 Minuten kochen. Dann kurz in Eiswasser abschrecken, denn zum Marinieren muss er lauwarm sein, damit die Marinade besser einzieht.

3 Den Spargel in eine Form geben. Die Vinaigrette zubereiten (s. S. 14), über den Spargel gießen und etwas ziehen lassen.

4 Die Schalotten schälen, halbieren und in feine Würfel schneiden. Minze, Petersilie und Kerbel waschen, die Blätter von den Zweigen bzw. Stängeln zupfen und in feine Streifen schneiden. Den Schnittlauch waschen, verlesen und in feine Röllchen schneiden.

5 In der Zwischenzeit die Eier 10 Minuten hart kochen, mit kaltem Wasser abschrecken, schälen, fein hacken und mit Salz würzen.

6 Den Spargel auf Tellern anrichten, Schalotten, Kräuter und Eier darüber verteilen und leicht untermischen.

Dazu frisches Weißbrot mit Butter und nach Belieben frisch geräucherte Forellenfilets, Räucheraal oder Nordseegarnelen servieren.

Weißer Spargel mit Kräuter-Joghurtsauce

Für 4 Personen
Zubereitungszeit: 40 Minuten
Schwierigkeitsgrad: mittel

Spargel:
2 kg weißer Spargel
5 l Wasser
2 EL Zucker
1 EL Salz
20 g Butter
Saft von ½ Zitrone

Kräuter-Joghurtsauce:
1 Bund Kerbel
1 Bund Petersilie
1 Bund Schnittlauch
½ Bund Estragon
250 g Joghurt
200 g Crème fraîche
3 TL Zucker
½ TL Salz
frisch gemahlener schwarzer Pfeffer
Saft von ½ Zitrone
2 EL Sonnenblumenöl

1 Für die Sauce Kerbel, Petersilie, Schnittlauch und Estragon waschen, verlesen, die Blätter von den Stängeln zupfen und klein schneiden.

2 Joghurt und Crème fraîche in einer Schüssel mischen. Zucker, Salz, Pfeffer, Zitronensaft und Sonnenblumenöl zugeben und alles mit einem Schneebesen glatt rühren.

3 Die Kräuter in die Joghurtmasse geben und untermischen. Die Sauce bis zur weiteren Verwendung mit Frischhaltefolie abgedeckt im Kühlschrank aufbewahren.

4 Die Spargelstangen waschen, von der Spitze abwärts gleichmäßig mit einem Sparschäler schälen und am unteren Ende etwa 1 cm abschneiden.

5 Das Wasser in einem großen Topf aufkochen. Zucker, Salz, Butter und Zitronensaft zufügen. Dann den Spargel in das kochende Wasser geben und etwa 8 Minuten kochen.

6 Den Spargel aus dem Wasser nehmen, kurz abtropfen lassen und auf einer Platte anrichten. Mit der Kräutersauce begießen und servieren.

Roastbeef mit Röstkartoffeln & Salat

Für 4 bis 6 Personen

Zubereitungszeit: 50 Minuten
Ofenzeit: 25 Minuten
Schwierigkeitsgrad: mittel

Roastbeef:
1,5 kg Roastbeef
1 TL Meersalz
1 Prise schwarzer Pfeffer
3 EL Pflanzenöl, plus etwas mehr
   zum Einfetten

Röstkartoffeln:
siehe Seite 44

Salat:
2 kleine Köpfe Romanasalat
1 Knoblauchzehe
4 EL Weißweinessig
1 ½ TL scharfer Senf
Salz
1 Prise weißer Pfeffer
1 EL Zucker
8 EL Olivenöl

1 Den Backofen auf 210 °C vorheizen.

2 Für das Roastbeef das Fleisch abspülen und mit Küchenpapier trocken tupfen. Sehnen und Häute entfernen und die Fettschicht bis auf 5 mm abschneiden. Die Fettschicht mit einem scharfen Messer an den späteren Schnittstellen quer einritzen, damit sich das Fleisch nach dem Braten leichter teilen lässt. Zusätzlich auch noch längs einritzen, damit das Fett besser ausbraten kann und das Roastbeef knusprig wird. Das Fleisch von allen Seiten mit Salz und Pfeffer einreiben.

3 Das Öl in einer Pfanne erhitzen und das Fleisch von allen Seiten etwa 2 Minuten kräftig anbraten.

4 Ein Backblech mit etwas Öl einfetten, das Fleisch darauflegen und in den Ofen stellen. Das Roastbeef 25 Minuten braten.

5 In der Zwischenzeit die Röstkartoffeln zubereiten (s. S. 44).

6 Für den Salat die Salatblätter ablösen, waschen und in einer Salatschleuder oder einem Küchentuch trocken schleudern.

7 Für das Dressing eine Schale mit der Knoblauchzehe ausreiben. Essig, Senf, Salz, Pfeffer und Zucker hineingeben und verrühren, bis Salz und Zucker aufgelöst sind. Das Öl zugießen und erneut mit einem Schneebesen verrühren. Das Dressing über die Salatblätter geben oder separat zum Fleisch servieren.

8 Das fertige Roastbeef auf ein Schneidebrett legen, mit Alufolie abdecken und 5 Minuten ruhen lassen. Dünn aufschneiden und mit Röstkartoffeln und Salat servieren.

Erbsenpüree mit Bratwurst

Für 4 Personen
Zubereitungszeit: 35 Minuten
Schwierigkeitsgrad: einfach

Erbsenpüree:
2 kg frische Erbsenhülsen
1 Zwiebel
60 g Butter
Salz
frisch gemahlener schwarzer
   Pfeffer
1 Prise frisch geriebene
   Muskatnuss
500 ml Rinder- oder
   Gemüsebrühe
50 g Sahne
2 EL Pflanzenöl, zum Braten

8 frische Bratwürste
Senf, nach Belieben

1 Für das Püree die Erbsenhülsen durch Fingerdruck in der Mitte öffnen und die Erbsen herausschälen. In reichlich Salzwasser etwa 6 Minuten weich kochen, in ein Sieb abschütten und mit kaltem Wasser abschrecken.

2 Die Zwiebel schälen, halbieren und fein würfeln. 20 g der Butter in einem Topf zerlassen und die Zwiebelwürfel darin glasig andünsten.

3 Die Erbsen zugeben und mit Salz, Pfeffer und Muskatnuss würzen. Die Brühe zugießen und die Erbsen abgedeckt 10 Minuten köcheln.

4 Die restliche Butter in einem Stieltopf erhitzen, bis die Molke hellbraun ist. Butter und Sahne zu den Erbsen geben und alles mit einem Pürierstab fein pürieren.

5 Das Öl in einer Pfanne erhitzen und die Würste darin von beiden Seiten etwa 6 Minuten bei mittlerer Hitze braten.

6 Die Bratwürste mit dem Erbsenpüree und nach Belieben mit Senf servieren.

Frikadellen mit Kartoffel-Radieschen-Salat

Für 4 Personen
Zubereitungszeit: 1½ Stunden
Ruhezeit: 30 Minuten (Salat)
Schwierigkeitsgrad: mittel

Frikadellen:
½ Knoblauchzehe
100 g gekochter Schinken
2 Zwiebeln
½ Bund glatte Petersilie
40 g Butter
1 TL getrockneter Majoran
4 Scheiben Weißbrot
150 ml Milch
750 g gemischtes Hackfleisch
2 Eier
1 EL scharfer Senf
Salz
frisch gemahlener schwarzer
    Pfeffer
30 g Butter, zum Braten
2 EL Pflanzenöl, zum Braten

Kartoffel-Radieschen-Salat:
1,5 kg kleine festkochende
    Kartoffeln
2 Bund Radieschen
2 Zwiebeln
200 ml Sonnenblumenöl
3 EL scharfer Senf
250 ml Rinder- oder Gemüsebrühe
40 ml Apfelessig
Salz
frisch gemahlener schwarzer
    Pfeffer

1 Für die Frikadellen den Knoblauch schälen und fein hacken. Den Schinken in Stücke schneiden und in einer Küchenmaschine zerkleinern, sodass er sich gut mit dem Hackfleisch verbinden kann. Die Zwiebeln schälen, halbieren und fein würfeln. Die Petersilie waschen, die Blätter von den Stängeln zupfen und fein schneiden.

2 Die Butter in einer Pfanne erhitzen und Knoblauch und Zwiebelwürfel darin andünsten. Schinken, Petersilie und Majoran zugeben, vermischen und beiseitestellen.

3 Die Brotscheiben mit der Milch übergießen, 10 Minuten einweichen lassen, ausdrücken und mit dem Hackfleisch in eine Schüssel geben. Zwiebel-Schinken-Mischung und Eier zugeben und alles – am besten mit der Hand – gut vermengen. Mit Senf, Salz und Pfeffer würzen und vermischen.

4 Für den Salat die Kartoffeln waschen und in reichlich Salzwasser etwa 20 Minuten kochen. Abschütten, ausdampfen lassen, schälen und noch warm in 5 mm dicke Scheiben schneiden.

5 Die Radieschen vom Laub und den grünen Stielansätzen befreien, die Spitzen abschneiden, waschen und in dünne Scheiben schneiden.

6 Die Zwiebeln schälen, halbieren und in feine Würfel schneiden. Das Öl in einer Pfanne erhitzen und die Zwiebeln darin andünsten. Senf, Rinderbrühe und Essig einrühren und mit Salz und Pfeffer würzen.

7 Die Brühe etwa 3 Minuten köcheln lassen, dann über die Kartoffelscheiben gießen, alles vermischen und den Salat 30 Minuten ziehen lassen. Danach die Radieschenscheiben untermischen und noch mal mit Salz und Pfeffer abschmecken.

8 Aus der Hackfleischmischung mit feuchten Händen etwa 50 g schwere Frikadellen formen. In einer großen Pfanne Butter und Öl erhitzen und die Frikadellen darin von beiden Seiten etwa 5 Minuten bei mittlerer Hitze braten. Dabei immer wieder mit dem Bratenfett begießen, damit sie schön saftig bleiben. Die Frikadellen mit etwas Bratenfett beträufeln und zum Kartoffel-Radieschen-Salat servieren.

Kalbsbraten mit Spätzle & glasierten Karotten

Für 4 bis 6 Personen
Zubereitungszeit: 1 Stunde
Ofenzeit: 1½ Stunden
Ruhezeit: 30 Minuten (Spätzle)
Schwierigkeitsgrad: mittel

Kalbsbraten:
1,5 kg Kalbsbraten aus der
  Kalbsunterschale
Salz
frisch gemahlener schwarzer
  Pfeffer
1 EL Mehl
3 EL Pflanzenöl
2 Lorbeerblätter
100 ml Weißwein

Spätzle:
8 Eier
100 ml kaltes Wasser
250 g Mehl (Type 405)
250 g Instantmehl
Salz
frisch geriebene Muskatnuss
2 EL Öl
30 g Butter

Glasierte Karotten:
800 g junge Karotten
30 g Butter
Salz
frisch gemahlener schwarzer
  Pfeffer
1 EL Honig
100 ml Wasser

1 Den Backofen auf 180 °C vorheizen.

2 Für den Kalbsbraten das Fleisch mit Salz und Pfeffer einreiben. Sehnen und Fett am Fleisch lassen, damit der Braten saftig wird. Den Braten mit dem Mehl bestäuben.

3 Das Öl in einer Pfanne erhitzen und den Kalbsbraten darin von allen Seiten gleichmäßig anbraten.

4 Braten und Lorbeerblätter in einen Bräter geben und im Ofen 30 Minuten braten. Dabei etwa alle 10 Minuten mit dem Weißwein ablöschen. Die Temperatur auf 170 °C reduzieren und das Fleisch 1 weitere Stunde braten. Zwischendurch immer wieder mit dem entstandenen Bratensaft übergießen und den Braten gelegentlich wenden.

5 Für die Spätzle Eier und Wasser mit dem Knethaken einer Küchenmaschine leicht schaumig rühren. Beide Mehlsorten vermengen und nach und nach in die Eier rühren. Weiterrühren, bis ein zäher, luftiger Teig entsteht. Mit Salz und Muskat würzen und abdeckt 30 Minuten ruhen lassen.

6 Den Teig mit einem Spätzlehobel oder einer Presse nach und nach in reichlich kochendes Wasser schaben oder drücken und die Spätzle 1 bis 2 Minuten kochen. Mit einem Schaumlöffel abschöpfen, in kaltem Wasser abschrecken und auf einem Sieb abtropfen lassen. Mit dem Öl beträufeln und mit einem feuchten Tuch abgedeckt beiseitestellen.

7 Für das Gemüse die Karotten schälen und in dünne Scheiben schneiden. Die Butter in einem Topf zerlassen, die Karottenscheiben zugeben und mit Salz und Pfeffer würzen. Einige Minuten dünsten, dann den Honig über die Karotten geben und das Wasser angießen. Abgedeckt etwa 10 Minuten bei mittlerer Hitze köcheln, bis die Flüssigkeit verkocht ist und die Karotten schön glänzen.

8 Vor dem Servieren die Butter in einer Pfanne zerlassen, die Spätzle zugeben, erhitzen und erneut mit Salz und Muskat würzen. Den Braten aus dem Bräter nehmen, in Scheiben schneiden und mit Bratensauce, Spätzle und glasierten Karotten servieren.

Matjestatar auf Röstkartoffeln

Für 4 Personen
Zubereitungszeit: 1½ Stunden
Schwierigkeitsgrad: einfach

Matjestatar:
½ Bund Dill
1 Bund Schnittlauch
1 Schalotte
1 säuerlicher Apfel (Cox Orange)
2 Gewürzgurken
Saft von 1 Zitrone
6 Matjesfilets
50 ml Mayonnaise
50 g Schmand
frisch gemahlener weißer Pfeffer

Röstkartoffeln:
800 g mehlig kochende Kartoffeln
1 Prise Salz
1 TL gemahlener Kreuzkümmel
60 g Zwiebel
3 EL Pflanzenöl
1 Prise schwarzer Pfeffer
20 g Butter

1 Für das Matjestatar Dill und Schnittlauch waschen. Die Dillspitzen abzupfen und fein schneiden. Den Schnittlauch verlesen und in feine Röllchen schneiden.

2 Die Schalotte schälen und halbieren. Den Apfel schälen, vierteln und das Kerngehäuse herausschneiden. Schalotte, Apfel und Gewürzgurken in feine Würfel schneiden, in eine Schüssel geben und mit dem Zitronensaft beträufeln.

3 Die Matjesfilets waschen, mit Küchenpapier trocken tupfen und in sehr kleine Würfel schneiden. Zur Schalotten-Apfel-Gurken-Mischung geben und unterrühren.

4 Dann Mayonnaise und Schmand unterrühren und den Tatar mit Pfeffer würzen. Abdecken und im Kühlschrank bis zur Verwendung kalt stellen.

5 Für die Röstkartoffeln die Kartoffeln gut waschen und in einen Topf mit reichlich kaltem Wasser geben. Salz und Kümmel zugeben und aufkochen. Die Kartoffeln etwa 20 Minuten kochen. Durch Hineinstechen mit einer Gabel prüfen, ob sie gar sind.

6 Die Kartoffeln abgießen, noch warm schälen und in 5 mm dünne Scheiben schneiden. Die Zwiebeln schälen, halbieren und in Streifen schneiden.

7 Das Öl in einer beschichteten Pfanne erhitzen und die Kartoffelscheiben hineingeben. Mit Salz und Pfeffer würzen. Bei mittlerer Hitze etwa 10 Minuten braten; zwischendurch die Pfanne schwenken, damit die Kartoffeln nicht anbrennen. Sobald die Kartoffelscheiben goldbraun und schön knusprig sind, Butter und Zwiebelstreifen zugeben und weitere 2 Minuten braten und schwenken.

8 Das Matjestatar zusammen mit den Röstkartoffeln servieren.

Vanillepudding mit Erdbeeren

Für 4 Personen
Zubereitungszeit: 25 Minuten
Ruhezeit: 4 Stunden
Schwierigkeitsgrad: mittel

3 Blatt weiße Gelatine
1 Vanillestange
2 TL Speisestärke
750 ml Milch
2 Eigelb
80 g Zucker
500 g Erdbeeren
2 EL Puderzucker
2 Tropfen Rosenwasser
essbare Rosenblütenblätter
    (s. S. 60), zum Garnieren

1 Die Gelatineblätter in reichlich kaltem Wasser 10 Minuten einweichen. Die Vanillestange der Länge nach halbieren und das Mark herauskratzen.

2 Speisestärke, 3 Esslöffel Milch und Eigelb mit einem Schneebesen verrühren. Restliche Milch, Zucker und Vanillemark in einen Topf geben und aufkochen. Die angerührte Speisestärke einrühren und erneut unter Rühren aufkochen.

3 Den Topf vom Herd nehmen und weiterrühren. Die ausgedrückte Gelatine in den Pudding geben und unterrühren, bis sie aufgelöst ist.

4 Eine Puddingform mit kaltem Wasser ausspülen und den Pudding hineinfüllen, glatt streichen und mit Frischhaltefolie abdecken, damit sich keine Haut bildet. Für mindestens 4 Stunden im Kühlschrank kalt stellen und fest werden lassen.

5 Die Erdbeeren putzen, entstielen, waschen und abtropfen lassen. Ein Viertel der Früchte und Puderzucker mit dem Pürierstab fein pürieren und mit dem Rosenwasser aromatisieren. Die restlichen Früchte halbieren, zum Püree geben und marinieren lassen, bis der Pudding fertig ist.

6 Die Puddingform kurz in heißes Wasser geben und dann den Pudding auf eine Platte stürzen. Mit den Erdbeeren servieren und mit Rosenblättern garnieren.

Alternativ kann mit der gleichen Menge Erdbeeren, 4 Esslöffeln Puderzucker und 160 ml Mineralwasser eine flüssigere Erdbeersauce zubereitet werden.

Erdbeerknödel mit Butterbröseln

Für 4 Personen
Zubereitungszeit: 45 Minuten
Ruhezeit: 1 Stunde
Schwierigkeitsgrad: mittel

Erdbeerknödel:
100 g Butter
100 g Puderzucker
2 Eier
500 g Quark
120 g Weichweizengrieß
120 g Instantmehl
300 g feste mittelgroße Erdbeeren
50 g Zucker
¼ TL Salz
1 Stück Zitronenschale

Butterbrösel:
100 g Butter
50 g geriebene Mandeln
400 g Semmelbröscl
40 g Zucker
Puderzucker, zum Bestreuen

1 Für den Knödelteig Butter und Puderzucker in eine Schüssel geben und mit einem Handrührgerät schaumig rühren. Die Eier nach und nach einrühren. Dann den Quark untermischen.

2 Nun zuerst den Grieß, danach das Mehl unterrühren, bis ein glatter Teig entsteht. Den Teig mit Frischhaltefolie abgedeckt 1 Stunde im Kühlschrank ruhen lassen.

3 Die Erdbeeren waschen, gut abtropfen lassen und entstielen.

4 Aus dem Teig kleine, etwa 30 g schwere Kugeln formen, diese flach drücken, je eine Erdbeere hineinlegen, den Teig um die Frucht herum streichen und zu runden Knödeln formen.

5 Reichlich Wasser in einem Topf mit Zucker, Salz und Zitronenschale aufkochen. Die Knödel hineingeben, einmal aufkochen und abgedeckt 10 Minuten bei geringer Hitze ziehen lassen.

6 Für die Brösel Butter, Mandeln, Semmelbrösel und Zucker in einer Pfanne unter Rühren 5 Minuten goldbraun rösten.

7 Die Erdbeerknödel mit einer Schaumkelle aus dem Wasser nehmen, auf Tellern verteilen und mit Bröseln und Puderzucker bestreuen.

Erdbeerkaltschale mit Sahne

Für 4 Personen
Zubereitungszeit: 10 Minuten
Kühlzeit: 1 Stunde
Schwierigkeitsgrad: einfach

500 g Erdbeeren
Saft von ½ Zitrone
3 EL Puderzucker
250 ml Mineralwasser
300 g Sahne

1   Die Erdbeeren waschen, gut abtropfen lassen, entstielen und halbieren. Ein Drittel der Erdbeerhälften beiseitestellen.

2   Die restlichen Erdbeeren in einen hohen Behälter geben, Zitronensaft, Puderzucker und Mineralwasser zugeben und alles mit dem Pürierstab fein pürieren. Das Püree abgedeckt 1 Stunde im Kühlschrank kalt stellen.

3   Die beiseitegestellten Erdbeerhälften in das Püree geben, in Schälchen füllen und die flüssige Sahne in die Kaltschale eingießen.

Die Kaltschale kann je nach Jahreszeit auch mit anderen Früchten aus dem Garten, wie Brombeeren, Himbeeren oder Kirschen, zubereitet werden.

Gebackene Holunderblüten

Für 4 Personen
Zubereitungszeit: 30 Minuten
Schwierigkeitsgrad: mittel

3 Eier
300 g Mehl
20 g Backpulver
60 g Zucker
350 ml Milch
160 ml Pflanzenöl, für den Backteig
1 Prise Salz
1,5 l Pflanzenöl, zum Ausbacken
300 g frische Holunderblüten
Puderzucker, zum Bestäuben

1 Für den Backteig die Eier trennen und das Eiweiß kalt stellen. Eigelb, Mehl, Backpulver, Zucker und Milch in einer Rührschüssel mit einem Schneebesen verrühren, bis der Teig glatt ist. 160 ml Pflanzenöl nach und nach einrühren, damit der Teig beim Ausbacken knusprig wird.

2 Eiweiß und Salz mit dem Handrührgerät halb steif schlagen und den Eischnee unter den Teig heben.

3 Das Öl in einem großen Topf auf 160 °C erhitzen. Die richtige Temperatur ist erreicht, wenn sich an einem ins Öl gehaltenen Holzspieß Blasen bilden.

4 Die Holunderblüten nicht waschen, sondern nur von möglichen Verschmutzungen befreien. Nun die Holunderblüten durch den Teig ziehen und sofort ins heiße Öl gleiten lassen.

5 Die Holunderblüten etwa 3 Minuten goldbraun ausbacken. Auf Küchenpapier gut abtropfen lassen und vor dem Servieren großzügig mit Puderzucker bestäuben.

Gebackene Holunderblüten passen geschmacklich und dekorativ sehr gut zu Eiscreme-Desserts oder auch zu Vanillepudding (s. S. 48).

Waldmeister

Holunderblüten

Waldmeisterlimonade

Ergibt 1 Liter
Zubereitungszeit: 15 Minuten
Ruhezeit: 2 Stunden
Schwierigkeitsgrad: einfach

Sirup:
500 ml Wasser
250 g Zucker
2 Zitronen
1 Bund Waldmeister

Limonade:
Mineralwasser, zum Aufgießen
Zitronenscheiben, zum Garnieren
Waldmeisterblätter, zum Garnieren

1 Für den Sirup Wasser und Zucker in einem Stieltopf aufkochen.

2 Die Zitronen in heißem Wasser abwaschen und in dünne Scheiben schneiden. Den Waldmeister waschen und mit den Zitronenscheiben in das Zuckerwasser geben. Den Topf vom Herd nehmen und den Sirup 2 Stunden ziehen lassen.

3 Danach durch ein feines Sieb passieren und die Zitronenscheiben leicht ausdrücken. Den Sirup mit einem Trichter in Flaschen abfüllen und kühl aufbewahren.

4 Für die Limonade Sirup und Mineralwasser in einem Verhältnis von 1 zu 4 mischen. Die Limonade mit Zitronenscheiben und Waldmeisterblättern garnieren.

Tipp: Den Waldmeister unbedingt vor der Blüte (Mai) pflücken und einige Tage welken lassen, erst dann entfaltet er seine volle Würzkraft.

Holunderblütenbowle

Für 6 bis 8 Personen

Zubereitungszeit: 10 Minuten
Ruhezeit: 3 Stunden
Schwierigkeitsgrad: einfach

200 g frisch gepflückte
    Holunderblüten
50 ml Zuckersirup
Saft von ½ Zitrone
2 Flaschen trockener Riesling
    à 0,75 l

1 Die Holunderblüten ohne Blätter in einen großen Glaskrug geben. Zuckersirup und Zitronensaft darübergießen.

2 Mit 1 Flasche Riesling aufgießen, verrühren und 3 Stunden abgedeckt im Kühlschrank ziehen lassen.

3 Den Holunderblütenansatz durch ein feines Sieb in Gläser gießen: Die Gläser jeweils zu einem Viertel mit dem Ansatz füllen und dann mit kaltem Riesling aufgießen.

4 Mit einigen Holunderblüten aus dem Ansatz garnieren und servieren.

Tipp: Damit die Blüten ein intensives Aroma abgeben können, diese auf jedem Fall vor dem Regen sammeln. Anstatt den Ansatz im Glas mit Weißwein aufzugießen, kann auch Sekt oder Champagner verwendet werden: schmeckt prickelnd und frisch.

Milchreis mit Rosenblättern

Für 4 Personen
Zubereitungszeit: 30 Minuten
Schwierigkeitsgrad: einfach

1 Zitrone
1 l Milch
80 g Zucker
220 g Milchreis
einige Tropfen Rosenwasser
3–4 essbare rosa oder
    rote Rosenblütenblätter
4 EL Zuckersirup, zum Beträufeln

1 Die Zitrone waschen und mit einem Sparschäler ein etwa 6 cm langes Stück Schale abschälen.

2 Die Milch in einen Topf gießen und den Zucker einstreuen.

3 Die Zitronenschale in die Milch geben, den Milchreis einstreuen und langsam unter Rühren zum Kochen bringen.

4 Den Milchreis etwa 20 Minuten bei geringer Hitze köcheln lassen, bis er gar ist und eine cremige Konsistenz hat. Dabei immer wieder umrühren, damit er nicht anbrennt.

5 Vor dem Servieren die Zitronenschale entfernen und das Rosenwasser unterrühren.

6 Auf Teller verteilen, mit den Rosenblättern garnieren und mit dem Zuckersirup beträufeln.

Tipp: Verwenden Sie keine Blätter von gekauften Rosen, da sie gespritzt oder behandelt wurden. Das macht die Blüten für den Verzehr ungeeignet. Gut geeignete essbare Rosenblätter finden Sie nur in der Natur oder in Ihrem Garten. Bauernrosen, Wildrosen, Hundsrosen und Zentifolien haben hauchzarte Blütenblätter und einen typischen, zarten Rosenduft.

Brotpudding mit Sahne

Für 4 Personen
Zubereitungszeit: 50 Minuten
Backzeit: 30 Minuten
Schwierigkeitsgrad: einfach

30 g Butter
80 g Zucker
500 g Weißbrot
3 Eier
500 ml Milch
¼ TL Zimt
50 g Rosinen
Puderzucker, zum Bestäuben
200 g Sahne

1 Den Backofen auf 180 °C vorheizen. Eine flache Auflaufform mit der Butter ausstreichen und mit 2 Esslöffeln Zucker ausstreuen.

2 Das Brot in etwa 1 cm dicke Scheiben schneiden und die Brotscheiben in die Form schichten.

3 Eier, Milch, restlichen Zucker und Zimt mit einem Schneebesen verrühren und die Masse gleichmäßig über die Weißbrotscheiben gießen. Danach mit den Rosinen bestreuen.

4 Den Brotpudding im Ofen 30 Minuten backen, herausnehmen und etwas abkühlen lassen. Mit Puderzucker bestäuben und lauwarm mit der flüssigen Sahne servieren.

Tipp: Für einen fruchtigen Auflauf zusätzlich klein geschnittene Äpfel, Birnen, Aprikosen oder Pfirsiche in die Form unter die Brotscheiben schichten und dann wie beschrieben backen.

Anstelle der Sahne kann zum Brotpudding auch sehr gut Weinschaumsauce (s. S. 122) oder Vanillesauce (s. S. 204) serviert werden.

Rosenblütengelee

Ergibt 2 Liter Gelee
Zubereitungszeit: 20 Minuten
Ruhezeit: 12 Stunden
Schwierigkeitsgrad: einfach

250 g essbare Rosenblütenblätter (s. S. 60)
750 ml Roséwein
1 kg Gelierzucker
500 ml Zitronensaft

1 Die Rosenblätter abzupfen, waschen und zum Abtropfen auf ein Sieb geben.

2 Die Blütenblätter mit dem Roséwein in einen Topf geben und über Nacht ziehen lassen.

3 Am nächsten Tag Gelierzucker und Zitronensaft zugeben. Das Gelee einmal aufkochen und dann 5 Minuten bei geringer Hitze köcheln lassen. Den aufsteigenden Schaum mit einem Schaumlöffel abnehmen.

4 Das Gelee durch ein Sieb passieren. Einen Teil der Rosenblätter in die vorbereiteten Gläser geben und das heiße Gelee einfüllen. Sofort mit Deckeln verschließen, auf den Kopf stellen und auskühlen lassen.

Rhabarber-Streuselkuchen

Ergibt 8 Stücke
Zubereitungszeit: 45 Minuten
Backzeit: 45 Minuten
Schwierigkeitsgrad: mittel

Teig:
400 g Mehl, plus etwas mehr
  zum Bestäuben
2 TL Backpulver
250 g Butter, plus etwas mehr
  zum Einfetten
125 g Zucker
4 Eier
1 Prise Salz
100 ml Milch

Belag:
750 g Rhabarber
50 g Zucker
2 TL Vanillezucker

Streusel:
180 g Mehl
100 g Zucker
2 TL Vanillezucker
100 g Butter
Puderzucker, zum Bestäuben

1 Für den Teig Mehl und Backpulver vermischen. Die Butter mit einem Handrührgerät schaumig rühren, dabei nach und nach Zucker, Eier, Salz und Mehlmischung unterrühren.

2 Die Milch nach und nach einrühren, bis ein glatter Teig entsteht. Eine Springform (24 cm Ø) mit Butter einfetten, mit Mehl bestäuben und den Teig hineinfüllen.

3 Den Backofen auf 180 °C vorheizen.

4 Für den Belag die Rhabarberstangen von Stielenden und Blattansätzen befreien, die Haut von den unteren Enden abziehen, die Stangen waschen, trocken tupfen und in etwa 2 cm große Stücke schneiden. Den Rhabarber mit Zucker und Vanillezucker vermischen.

5 Für die Streusel Mehl, Zucker und Vanillezucker in einer Rührschüssel mischen. Die Butter in kleine Stücke schneiden, zugeben und alles mit den Händen zu Streuseln verkneten.

6 Die Rhabarberstücke auf dem Teig verteilen und mit den Streuseln bestreuen. Den Kuchen im Backofen etwa 45 Minuten backen. Aus dem Ofen nehmen, auskühlen lassen und vor dem Servieren mit Puderzucker bestäuben.

Den Kuchen am besten lauwarm mit steif geschlagener Vanillesahne (s. S. 210) oder Vanilleeiscreme servieren.

Sommer

Suppen, Salate & Vorspeisen

Hauptspeisen

Nachspeisen & Süßes

Leberknödelsuppe

Für 4 Personen
Zubereitungszeit: 1 Stunde
Ruhezeit: 30 Minuten (Knödel)
Schwierigkeitsgrad: mittel

1 Zwiebel
20 g Butter
1 Prise getrockneter Majoran
1 Prise frisch geriebene
  Muskatnuss
Salz
frisch gemahlener schwarzer
  Pfeffer
300 g Rinderleber
80 g Semmelbrösel
1 Ei
40 ml Milch
1,5 l Rinderbrühe
1 Bund Schnittlauch

1 Die Zwiebel schälen, halbieren und in feine Würfel schneiden. Die Butter in einer Pfanne zerlassen. Die Zwiebelwürfel in der Butter glasig andünsten. Mit Majoran, Muskatnuss, Salz und Pfeffer würzen. Beiseitestellen und etwas abkühlen lassen.

2 Die Rinderleber sehr fein durch einen Fleischwolf drehen und mit Semmelbröseln, Ei und Milch in einer Schüssel vermischen. Die Zwiebel zugeben, die Knödelmasse gut verkneten und etwa 30 Minuten ruhen lassen.

3 Mit angefeuchteten Händen Knödel in der Größe von Tischtennisbällen formen.

4 Die Rinderbrühe in einem Topf kurz aufkochen, dann die Hitze reduzieren. Die Knödel mit einem Schaumlöffel hineingeben und zunächst 15 Minuten köcheln, dann weitere 5 Minuten bei geringer Hitze ziehen lassen.

5 Den Schnittlauch waschen, verlesen und in feine Röllchen schneiden. Die Knödel auf Teller verteilen, mit Brühe übergießen und reichlich mit Schnittlauchröllchen garnieren.

Für die Leberknödel kann anstelle von Rinderleber auch Kalbsleber, Geflügelleber oder Kaninchenleber verwendet werden.

Nudelsuppe mit Gemüse

Für 6 bis 8 Personen
Zubereitungszeit: 2¼ Stunden
Schwierigkeitsgrad: mittel

1 Suppenhuhn (ca. 1,6 kg)
4 l kaltes Wasser
1 EL Meersalz
3 l Wasser
200 g Zwiebeln
200 g Karotten
3 Petersilienwurzeln
3 Selleriestangen
1 Porreestange
1 Knoblauchknolle
4 Lorbeerblätter
2 Gewürznelken
8 Wacholderbeeren
4 Pimentkörner
10 schwarze Pfefferkörner
200 g Suppennudeln
1 EL Salz
½ Bund glatte Petersilie
½ Bund Liebstöckel
frisch geriebene Muskatnuss

1 Das Suppenhuhn von innen und außen gut waschen und von allen Blutresten befreien. Das Huhn mit Wasser und Salz in einen Topf geben, langsam aufkochen und dann 30 Minuten bei mittlerer Hitze köcheln lassen. Zwischendurch den Schaum aus geronnenem Eiweiß mit einem Schaumlöffel abschöpfen, da er sonst wieder in die Brühe einkocht und diese trüb wird.

2 Zwiebeln, Karotten und Petersilienwurzeln schälen. Sellerie- und Porreestangen waschen. Die Blätter von den Selleriestangen entfernen und die Hälfte davon zur späteren Verwendung beiseitestellen. Wurzelansätze und grüne Teile der Porreestange abschneiden. Die Knoblauchknolle nicht schälen, sondern nur halbieren.

3 Gemüse, Knoblauchknolle, Lorbeerblätter und alle anderen Gewürze in die Brühe geben und diese 1 weitere Stunde köcheln lassen. Gelegentlich mit Wasser auf die ursprüngliche Flüssigkeitsmenge aufgießen.

4 Suppenhuhn und Gemüse aus der Brühe nehmen und etwas abkühlen lassen. Das Huhn zerteilen, das Fleisch von den Knochen lösen und ohne Haut in Stücke schneiden.

5 Die Brühe durch ein feines Sieb in einen zweiten Topf passieren; die Siebrückstände bis auf das Gemüse wegwerfen. Das Gemüse in Stücke schneiden und zusammen mit dem Hühnerfleisch wieder in die Brühe geben.

6 Die Suppennudeln in reichlich Salzwasser 5 Minuten kochen, abschütten und in die Suppe geben.

7 Petersilie und Liebstöckel waschen, die Blätter abzupfen und in feine Streifen schneiden. Die Sellerieblätter ebenfalls klein schneiden, mit Petersilie und Liebstöckel in die Suppe geben und diese kräftig mit Muskatnuss würzen.

Reibekuchen mit Apfelmus

Für 4 Personen
Zubereitungszeit: 25 Minuten
Schwierigkeitsgrad: einfach

Reibekuchen:
500 g mehlig kochende Kartoffeln
1 Zwiebel
1 Ei
3 EL Instantmehl
½ TL getrockneter Majoran
1 Prise Salz
1 Prise frisch gemahlener
   schwarzer Pfeffer
4 EL Pflanzenöl

Apfelmus:
1 kg Äpfel (Boskop)
100 ml Wasser
3 EL Zucker
½ Zimtstange
1 Gewürznelke

1 Für das Apfelmus die Äpfel schälen, vierteln und vom Kerngehäuse befreien. In 1 cm dicke Scheiben schneiden und mit Wasser, Zucker, Zimtstange und Gewürznelke in einen großen Topf geben.

2 Die Äpfel aufkochen und abgedeckt bei mittlerer Hitze etwa 15 Minuten weich dünsten. Gewürznelke und Zimtstange entfernen, die Äpfel nach Belieben mit einem Pürierstab fein pürieren und beiseitestellen.

3 Für die Reibekuchen die Kartoffeln waschen und schälen, die Zwiebel ebenfalls schälen. Kartoffeln und Zwiebel mit einer Reibe sehr fein in eine Schüssel reiben.

4 Ei und Mehl hinzufügen. Den Majoran in der Hand zerbröseln und zugeben. Mit Salz und Pfeffer würzen und alles zu einem Teig vermengen.

5 Das Öl in einer Pfanne erhitzen. Die Kartoffelmasse mit einer kleinen Schöpfkelle in die Pfanne geben und zu kleinen Puffern flach drücken. Von jeder Seite mindestens 3 Minuten goldbraun braten. Herausnehmen, auf einem Küchenpapier abtropfen lassen und mit dem Apfelmus servieren.

Für die Reibekuchen eignen sich am besten die Kartoffeln vom Vorjahr, denn sie enthalten nicht so viel Wasser, und ihr Geschmack ist intensiver. Zum Apfelmus kann auch noch Preiselbeerkonfitüre serviert werden.

Blumenkohl im Backteig mit Kräuterdip

Für 4 Personen
Zubereitungszeit: 1 Stunde
Schwierigkeitsgrad: mittel

Blumenkohl:
350 g Mehl
2 TL Backpulver
3 Eier
400 ml Bier
150 ml Pflanzenöl
Salz
1 Blumenkohl
2 l Erdnussöl

Kräuterdip:
150 g Quark
150 g saure Sahne
1 kleiner Bund gemischte Kräuter
(Schnittlauch, Dill, Petersilie)
Saft von ½ Zitrone
Salz
Pfeffer

1 Für den Dip Quark und saure Sahne mit einem Schneebesen in einer Schüssel verrühren. Falls die Quarkmasse zu dick ist, einen Schuss Mineralwasser unterrühren.

2 Die Kräuter waschen und fein hacken. Kräuter und Zitronensaft einrühren und mit Salz und Pfeffer würzen. Den Kräuterdip bis zur Verwendung abgedeckt im Kühlschrank kalt stellen.

3 Für den Backteig Mehl und Backpulver in einer Schüssel vermischen. Die Eier trennen und das Eigelb zur Mehlmischung geben. Das Bier nach und nach zugießen und alles mit einem Schneebesen zu einem glatten Teig verrühren. Dann das Pflanzenöl einrühren, damit der Teig beim Ausbacken knusprig wird.

4 Eiweiß und 1 Prise Salz mit dem Handrührgerät halb steif schlagen und unter den Teig heben.

5 Den Blumenkohl waschen und die Röschen mit einem kleinen Messer vom Strunk abschneiden. In einem Topf mit kochendem Salzwasser etwa 5 Minuten bissfest kochen, dann in einer Schüssel mit kaltem Wasser etwas abkühlen und auf Küchenpapier abtropfen lassen.

6 Die Blumenkohlröschen in den Teig geben. Das Erdnussöl in einem breiten Topf auf 160 °C erhitzen. Die mit Backteig überzogenen Blumenkohlstücke mit einem Schaumlöffel hineingeben und von allen Seiten etwa 5 Minuten goldgelb backen. Dann auf Küchenpapier abtropfen lassen und leicht salzen. Den Blumenkohl mit dem Kräuterdip servieren.

Dieses Gericht kann auch sehr gut mit Brokkoli, Zucchini, Kürbis, Sellerie oder anderen festen Gemüsesorten zubereitet werden.

Birnen und Bohnen untereinander

Für 4 Personen
Zubereitungszeit: 45 Minuten
Schwierigkeitsgrad: mittel

200 g grüne Stangenbohnen
200 g gelbe Wachsbohnen
1 kg mehlig kochende Kartoffeln
3 Karotten
3 Birnen (Sorte: Forelle)
1 Zwiebel
300 g geräucherter Bauchspeck
1 Knoblauchzehe
Salz
50 g Butter
frisch gemahlener schwarzer
  Pfeffer
1 l Rinderbrühe
½ Bund Petersilie
2 Zweige frisches Bohnenkraut

1 Den Stielansatz der grünen und gelben Bohnen abbrechen, aber die feinen Spitzen nicht entfernen. Die Bohnen waschen, schräg in 4 cm lange Stücke schneiden, in kochendes Salzwasser geben und 5 Minuten kochen. In ein Sieb abschütten, unter fließendem kaltem Wasser abschrecken, abtropfen lassen und beiseitestellen.

2 Kartoffeln und Karotten waschen und schälen. Die Kartoffeln in 3 cm große Stücke und die Karotten in 1 cm kleine Stücke schneiden.

3 Die Birnen waschen, schälen, vierteln und entkernen. Danach in 5 mm dünne Scheiben schneiden.

4 Die Zwiebel schälen, halbieren und in kleine Würfel schneiden. Knorpeln oder Knochenstücke aus dem Bauchspeck entfernen und den Speck in 1 cm dicke Scheiben schneiden.

5 Den Knoblauch schälen, mit etwas Salz fein zerreiben und in einem Topf mit der Butter andünsten. Zwiebel- und Speckstücke zufügen und etwa 1 Minute glasig andünsten. Danach Kartoffel-, Karotten- und Birnenstücke zugeben, mit Salz und Pfeffer würzen und alles mit der Rinderbrühe aufgießen. Aufkochen und abgedeckt bei mittlerer Hitze etwa 15 Minuten köcheln lassen.

6 Den Deckel abnehmen, die Bohnen zugeben und umrühren. Weitere 5 Minuten bei mittlerer Hitze köcheln lassen.

7 Die Petersilie waschen, die Blätter von den Stängeln zupfen und fein schneiden. Das Bohnenkraut von den Zweigen zupfen und grob schneiden. Die Kräuter vor dem Servieren zum Gemüse geben und alles gut vermischen.

Pichelsteiner Eintopf

Für 4 bis 6 Personen
Zubereitungszeit: 1½ Stunden
Schwierigkeitsgrad: mittel

750 g Schweineschulter
  ohne Schwarte
750 g Rindfleisch aus der Schulter
1 TL Salz
1 Prise schwarzer Pfeffer
250 g Karotten
5 Zwiebeln
2 Knoblauchzehen
1 mittelgroßer Kopf Weißkohl
500 g festkochende Kartoffeln
200 g Sellerieknolle
2 Porreestangen
2 EL Pflanzenöl
1 Lorbeerblatt
1,5 l Rinderbrühe oder Wasser
1 Bund frische Petersilie
2 Zweige frischer Majoran
1 Stängel frisches Liebstöckel

1 Beide Fleischsorten in 3 cm große Stücke schneiden und mit Salz und Pfeffer würzen.

2 Die Karotten schälen und schräg in 1 cm breite Scheiben schneiden. Die Zwiebeln schälen, halbieren und in Streifen schneiden. Den Knoblauch schälen und fein würfeln.

3 Den Kohl von den äußeren Blättern befreien, halbieren, den Strunk herausschneiden und waschen. In 3 cm große Würfel schneiden.

4 Kartoffeln und Sellerieknolle schälen und in 3 cm große Würfel schneiden. Die äußeren Blätter der Porreestangen und die Wurzelansätze entfernen, unter fließendem Wasser waschen und die Stangen in Ringe schneiden.

5 Das Öl in einem großen Topf erhitzen. Zuerst den Knoblauch, dann die Zwiebelstreifen zugeben und glasig dünsten. Die Fleischwürfel zugeben und weitere 10 Minuten bei mittlerer Hitze mitdünsten. Das Lorbeerblatt zufügen.

6 Die Brühe angießen; nach Belieben kann Wasser verwendet werden, aber dann das Fleisch stärker würzen. Den Eintopf aufkochen und abgedeckt 15 Minuten köcheln lassen.

7 Karotten, Kartoffeln, Sellerie und Porree zufügen und weitere 10 Minuten abgedeckt kochen. Nun den Kohl zugeben, alles vermischen und erneut 20 Minuten bei mittlerer Hitze köcheln lassen. Durch die zeitversetzte Zugabe der Zutaten werden sie alle richtig gegart, ohne zu verkochen.

8 Petersilie, Majoran und Liebstöckel waschen, die Blätter abzupfen und fein schneiden. Die Kräuter vor dem Servieren unter den Eintopf mischen.

Panierte Wiesenchampignons

Für 4 Personen
Zubereitungszeit: 30 Minuten
Schwierigkeitsgrad: einfach

300 g frische Wiesenchampignons
3 EL Mehl
2 Eier
200 g Paniermehl
2 l Pflanzenöl
Salz
frisch gemahlener schwarzer
  Pfeffer

1 Die Stiele der Champignons abschneiden und die Pilzköpfe mit einer kleinen Bürste putzen oder mit Küchenpapier abreiben und säubern.

2 Pilzköpfe und Mehl in eine Schüssel geben und mit den Händen vermischen.

3 Die Eier in einer zweiten Schüssel verquirlen und die Champignons hineingeben. Gut vermengen, sodass die Pilzköpfe vollständig mit Ei umhüllt sind.

4 Das Paniermehl auf einer Platte verteilen und die Pilze darin von allen Seiten panieren.

5 Das Pflanzenöl in einem großen Topf auf 160 °C erhitzen. Die richtige Temperatur ist erreicht, wenn sich an einem ins Öl gehaltenen Holzspieß Blasen bilden.

6 Die Champignons mit einem Schaumlöffel in das Öl geben und etwa 5 Minuten von beiden Seite goldbraun ausbacken. Dann auf Küchenpapier abtropfen lassen und mit Salz und Pfeffer würzen.

Die frittierten Champignons schmecken sehr gut mit einer leichten Kräuter-Joghurtsauce (s. S. 35) oder Joghurt-Schnittlauchsauce (s. S. 144). Anstelle von Champignons können auch Steinpilze verwendet werden.

Rahmpfifferlinge mit Serviettenknödel

Für 4 Personen
Zubereitungszeit: 40 Minuten
Schwierigkeitsgrad: mittel

Serviettenknödel:
750 g Weißbrot
150 ml lauwarme Milch
1 Zwiebel
½ Bund glatte Petersilie
50 g Butter
3 Eier
Salz und Pfeffer
1 Prise frisch geriebene
    Muskatnuss

Rahmpfifferlinge:
600 g Pfifferlinge
2 Schalotten
40 g Butter
1 Prise Salz
frisch gemahlener schwarzer Pfeffer
frisch geriebene Muskatnuss
300 g Sahne
2 EL Schmand
Saft von ½ Zitrone
½ Bund frisch gehackte glatte Petersilie

1 Für die Serviettenknödel das Weißbrot in Würfel schneiden, in eine Schüssel geben, mit der Milch übergießen und abgedeckt etwa 20 Minuten ziehen lassen.

2 Die Zwiebel schälen und in feine Würfel schneiden. Die Petersilie waschen, die Blätter abzupfen und klein schneiden. 20 g Butter in einer Pfanne zerlassen und die Zwiebel darin andünsten. Die Petersilie untermischen und beides sofort über die eingeweichten Weißbrotwürfel geben. Die Eier zugeben, mit Salz, Pfeffer und Muskatnuss würzen und alles vermengen.

3 Eine große Stoffserviette mit der restlichen Butter bestreichen und die Masse darauf verteilen. Zu einer Rolle zusammenrollen und die Enden mit Küchengarn zubinden. In einen Topf mit reichlich kochendem Salzwasser geben und abgedeckt 25 Minuten bei mittlerer Hitze ziehen lassen.

4 Für die Rahmpfifferlinge die Pilze putzen, kurz in kaltem Wasser waschen, damit sie sich nicht vollsaugen, und auf einem Küchentuch abtropfen lassen. Die größeren Pilze in Scheiben schneiden.

5 Die Schalotten schälen und in feine Würfel schneiden. Die Butter in einem breiten Topf zerlassen und die Schalotten darin glasig andünsten. Die Pfifferlinge zugeben, mit Salz, Pfeffer und Muskatnuss würzen und 2 bis 3 Minuten dünsten. Sahne und Schmand einrühren und alles etwa 5 Minuten köcheln lassen. Zum Schluss mit dem Zitronensaft abschmecken und die Petersilie untermischen.

6 Den Serviettenknödel aus dem Topf nehmen, entrollen und in 2 cm dicke Scheiben schneiden. Zusammen mit den Rahmpfifferlingen servieren.

Für 4 Personen
Zubereitungszeit: 20 Minuten
Schwierigkeitsgrad: einfach

200 g frische Pfifferlinge
1 Bund Kerbel
8 Eier
30 g Sahne
30 g Butter
Salz
frisch gemahlener schwarzer Pfeffer

Zum Servieren:
4 Scheiben Weißbrot
40 g Butter
grobes Meersalz, zum Bestreuen

Pfifferlinge mit Rührei

1 Die Pfifferlinge putzen, kurz in kaltem Wasser waschen, damit sie sich nicht vollsaugen, und auf einem Küchentuch abtropfen lassen. Die größeren Pilze in Scheiben schneiden.

2 Den Kerbel waschen, verlesen, die Blätter von den Stängeln zupfen und grob schneiden.

3 Eier und Sahne in einer Schüssel mit einem Schneebesen verquirlen und den Kerbel unterrühren.

4 Die Butter in einer Pfanne erhitzen und die Pilze darin andünsten. Dann mit Salz und Pfeffer würzen.

5 Die Eimischung zu den Pilzen geben und das Rührei unter Rühren stocken lassen.

6 Die Weißbrotscheiben mit der Butter bestreichen, mit grobem Meersalz bestreuen und mit dem Pfifferling-Rührei servieren.

Das Pfifferling-Rührei kann mit Röstkartoffeln (s. S. 44) und grünem Salat (s. S. 36) auch als Hauptgericht serviert werden.

Spinatknödel mit Salbeibutter

Für 4 Personen
Zubereitungszeit: 40 Minuten
Ruhezeit: 10 Minuten
Schwierigkeitsgrad: mittel

Spinatknödel:
140 g weiche Butter
5 Eigelb
1 EL Instantmehl
Salz
frisch gemahlener weißer Pfeffer
1 Prise frisch geriebene
  Muskatnuss
100 g frischer Spinat
120 g Semmelbrösel

Salbeibutter:
1 Bund frischer Salbei
100 g Butter

1 Für die Knödel die Butter mit einem Handrührgerät schaumig rühren. Das Eigelb nach und nach einrühren. Dann das Mehl unterrühren und mit Salz, Pfeffer und Muskatnuss würzen.

2 Den Spinat waschen, verlesen, tropfnass in einen Topf geben und bei mittlerer Hitze zusammenfallen lassen. In kaltem Wasser abschrecken, im Sieb abtropfen lassen, gut ausdrücken und fein hacken.

3 Spinat und Semmelbrösel vermengen, dann unter die Butter-Eigelb-Masse mischen und alles 10 Minuten ruhen lassen.

4 In einem großen Topf reichlich Salzwasser aufkochen. Mit angefeuchteten Händen 12 mittelgroße Knödel formen und in das kochende Wasser legen. Die Knödel bei geringer Hitze abgedeckt 15 Minuten gar ziehen lassen.

5 In der Zwischenzeit für die Salbeibutter den Salbei waschen und die Blätter von den Stängeln zupfen. Die Butter in einer Pfanne aufschäumen, die Salbeiblätter hineingeben und knusprig anbraten.

6 Die Knödel mit einem Schaumlöffel aus dem Wasser nehmen und auf Tellern oder einer Platte anrichten. Mit der Salbeibutter begießen und servieren.

Diese Knödel kann man ebenso mit etwas würzigeren Mangoldblättern zubereiten. Anstelle von Salbeibutter passt auch Käsesauce (s. S. 186) sehr gut zu den Spinatknödeln.

Saures
Kartoffelgemüse

Für 4 Personen
Zubereitungszeit: 30 Minuten
Schwierigkeitsgrad: einfach

1 kg festkochende Kartoffeln
50 g Butter
2 EL Mehl
500 ml Rinderbrühe
1 Zwiebel
1 Lorbeerblatt
2 Gewürznelken
Salz
Pfeffer
2 Stängel Liebstöckel
2 EL saure Sahne
2 EL Apfelessig

1 Die Kartoffeln waschen, schälen und in 1 cm dicke Scheiben schneiden.

2 Die Butter in einer Pfanne zerlassen und das Mehl darin anschwitzen. Dann die Rinderbrühe angießen und mit einem Schneebesen einrühren, bis die Mehlschwitze aufgelöst ist. Nun die Kartoffelscheiben zugeben und untermischen.

3 Die Zwiebel schälen und mit Lorbeerblatt und Gewürznelken spicken. Zu den Kartoffeln geben und alles mit Salz und Pfeffer würzen.

4 Das Kartoffelgemüse abgedeckt 20 Minuten bei geringer Hitze köcheln lassen. Dabei öfters umrühren, damit die Kartoffeln nicht anbrennen.

5 Den Liebstöckel waschen, die Blätter von den Stängeln zupfen und fein schneiden.

6 Zum Schluss saure Sahne, Essig und Liebstöckel unter das Kartoffelgemüse mischen und servieren.

Das Kartoffelgemüse schmeckt sehr gut zusammen mit Schnippelbohnen (s. S. 198) oder als Beilage zu Wirsingrouladen (s. S. 150) oder zu Tafelspitz (s. S. 154).

Forelle „Müllerin"

Für 4 Personen
Zubereitungszeit: 45 Minuten
Schwierigkeitsgrad: mittel

4 Forellen à 250 g, küchenfertig
1 Prise Salz
50 g Mehl
4 EL Pflanzenöl
1 Zitrone
80 g Butter
1 Bund glatte Petersilie

1 Die Forellen waschen und mit Küchenpapier trocken tupfen. Dann von innen und außen salzen und mit dem Mehl bestäuben.

2 Das Öl in einer großen Pfanne erhitzen, die Forellen hineinlegen und von beiden Seiten etwa 5 bis 7 Minuten braten, bis sie eine goldbraune Farbe angenommen haben. Das Bratöl mit einem Esslöffel aus der Pfanne entfernen.

3 Die Zitrone heiß abwaschen und in 5 mm dicke Scheiben schneiden. Zitronenscheiben und Butter in die Pfanne geben und die Forellen damit 2 Minuten nachbraten; dabei immer wieder mit dem Bratfett begießen.

4 Die Petersilie waschen, die Blätter abzupfen und in feine Streifen schneiden. Zum Schluss über die Forellen geben und nochmal mit dem Bratfett begießen.

Anstelle von Forellen können auch Renken, Bachsaiblinge oder Lachsstücke ohne Haut nach „Müllerinart" zubereitet werden. Zum Fisch passen sehr gut Petersilienkartoffeln (s. S. 27) als Beilage.

Rinderrouladen mit Gemüsefüllung

Für 4 Personen
Zubereitungszeit: 2 Stunden
Schwierigkeitsgrad: schwierig

400 g Zwiebeln
1 Karotte
1 Porreestange
80 g Essiggurken
100 g geräucherter Speck,
  in Scheiben
30 g Butter
Salz
frisch gemahlener schwarzer
  Pfeffer
4 Rinderrouladen aus der
  Oberschale, à 200 g
30 g scharfer Senf
1 EL Mehl
4 EL Pflanzenöl
½ TL edelsüßes Paprikapulver
1 l Geflügelbrühe

1 Die Zwiebeln schälen, halbieren und in Streifen schneiden. Die Karotte schälen, zweimal halbieren und in feine Streifen schneiden. Wurzelansatz und grüne Teile der Porreestange entfernen, die Stange halbieren, gut waschen und in feine Ringe schneiden. Die Gurken der Länge nach in feine Streifen, die Speckscheiben in feine Würfel schneiden.

2 Die Butter in einer Pfanne zerlassen. Die Speckwürfel darin anbraten, dann die Hälfte der Zwiebelstreifen, Karotte und Porree zugeben. Mit Salz und Pfeffer würzen und das Gemüse glasig andünsten. In eine Schüssel umfüllen und auskühlen lassen.

3 Die Rouladen mit einem Fleischklopfer dünn klopfen, von beiden Seiten salzen und pfeffern und mit dem Senf bestreichen. Gemüse sowie die Hälfte der Gurkenstreifen darauf verteilen. Nun die Seiten einschlagen, aufrollen und mit Küchengarn umwickeln und binden. Anschließend von allen Seiten mit dem Mehl bestäuben.

4 Das Öl in einem Schmortopf erhitzen, die Rouladen darin von allen Seiten scharf anbraten und wieder herausnehmen. Die restlichen Zwiebeln hineingeben, glasig andünsten, mit dem Paprikapulver bestäuben und umrühren. Die Rinderrouladen auf die Zwiebeln setzen und weitere 3 Minuten garen.

5 Die Hälfte der Geflügelbrühe angießen und die Rouladen abgedeckt 1 Stunde bei mittlerer Hitze schmoren. Zwischendurch wenden und nach der Hälfte der Kochzeit die restliche Brühe zugießen.

6 Mit einer Fleischgabel prüfen, ob die Rouladen weich und gar sind. Die Rouladen herausnehmen und das Küchengarn entfernen. Mit der Bratensauce anrichten und mit den restlichen Gurkenstreifen garnieren.

Als Beilage zu den Rouladen eignen sich Kartoffelpüree (s. S. 198), Semmelknödel (s. S. 141) oder auch Spätzle (s. S. 43).

Falscher Hase mit Pfifferlingen

Für 4 Personen
Zubereitungszeit: 40 Minuten
Ofenzeit: 1 Stunde
Schwierigkeitsgrad: mittel

4 Brötchen vom Vortag
500 ml Wasser
500 ml Milch
2 kleine Zwiebeln
1 Knoblauchzehe
750 g Rinderhackfleisch
2 Eier
1 TL Paprikapulver
Salz
frisch gemahlener schwarzer Pfeffer
1 TL getrockneter Majoran
1 EL scharfer Senf
300 g Pfifferlinge
20 g Butter, plus etwas mehr
  zum Einfetten
200 g saure Sahne
250 g Sahne
4 TL Preiselbeerkonfitüre
1 TL Speisestärke

1 Den Backofen auf 190 °C vorheizen. Eine längliche Auflaufform mit Butter einfetten.

2 Die Brötchen in Wasser und Milch 20 Minuten einweichen. Zwiebeln und Knoblauch schälen, fein würfeln und mit dem Hackfleisch in eine Schüssel geben.

3 Die Brötchen gut ausdrücken und zusammen mit Eiern, Paprikapulver, Salz, Pfeffer, Majoran und Senf zum Hackfleisch geben. Die Masse mit den Händen mischen.

4 Das Hackfleisch zu einem Braten formen, in die Form geben und mit der feuchten Hand glatt streichen. Den Hackbraten im Ofen etwa 1 Stunde braten, dabei gelegentlich mit etwas Wasser ablöschen und begießen.

5 In der Zwischenzeit die Pfifferlinge putzen, kurz unter fließendem Wasser waschen, auf einem Küchentuch ausbreiten und gut abtropfen lassen. Die größeren Pilze halbieren oder in Scheiben schneiden. Die Butter in einer Pfanne zerlassen. Die Pfifferlinge hineingeben, mit Salz und Muskatnuss würzen und etwa 2 Minuten dünsten.

6 Den Hackbraten aus der Form nehmen, in Alufolie wickeln und warm stellen. Für die Sauce den Bratensatz vollständig vom Boden lösen und in einen Stieltopf gießen. Saure Sahne und Sahne einrühren, aufkochen lassen und mit 2 Teelöffeln Preiselbeerkonfitüre abschmecken. Die Speisestärke in etwas Wasser glatt rühren und in die Sauce einrühren, damit sie bindet.

7 Den Falschen Hasen auf eine Platte geben, Sauce und Pfifferlinge darüber verteilen und mit der restlichen Preiselbeerkonfitüre servieren.

Als Beilage zum Falschen Hasen passen Kartoffelpüree (s. S. 198) sowie Salz- oder Petersilienkartoffeln (s. S. 27, 156).

Schweinekotelett mit Gurkensalat

Für 4 Personen
Zubereitungszeit: 40 Minuten
Ruhezeit: 30 Minuten
Schwierigkeitsgrad: mittel

Koteletts:
4 Schweinekoteletts mit Knochen,
    à 250 g
Salz
frisch gemahlener schwarzer
    Pfeffer
2 Eier
150 g Mehl (Type 405)
300 g Paniermehl
100 ml Pflanzenöl
100 g Butter
1 Zitrone

Gurkensalat:
1 kg Salatgurken
½ Knoblauchzehe
½ TL Salz
60 ml Apfelessig
1 TL Puderzucker
frisch gemahlener schwarzer
    Pfeffer

1 Für den Gurkensalat, die Gurken waschen, mit einem Sparschäler unregelmäßig schälen und grob raspeln. Die Knoblauchzehe mit etwas Salz zerreiben. Knoblauch, Essig und Gurken in eine Schüssel geben und mischen. Mit Salz, Puderzucker und Pfeffer würzen. Den Salat abgedeckt 30 Minuten im Kühlschrank marinieren.

2 Für das Fleisch die Koteletts von beiden Seiten mit Salz und Pfeffer würzen. Die Eier in eine Schale aufschlagen und mit einer Gabel verquirlen. Mehl und Semmelbrösel jeweils auf einen Teller geben.

3 Das Fleisch zuerst in dem Mehl wenden, danach durch die verquirlten Eier ziehen und anschließend in den Semmelbröseln panieren. Die Panade nicht zu fest andrücken, da sie sonst beim Braten keine Wellen wirft.

4 Pflanzenöl und Butter in einer Pfanne erhitzen und aufschäumen lassen. Die Koteletts darin von jeder Seite etwa 3 Minuten goldbraun braten.

5 Die Zitrone waschen, halbieren und in Spalten schneiden.

6 Die fertigen Koteletts aus der Pfanne nehmen und auf Küchenpapier etwas abtropfen lassen. Auf Tellern anrichten und mit den Zitronenstücken garnieren. Den kalten Gurkensalat in kleinen Schälchen dazu servieren.

Tipp: Mit Kartoffelpüree (s. S. 198) oder Röstkartoffeln (s. S. 44) als Beilage servieren.

Sauerbraten mit Preiselbeeren

Für 4 bis 6 Personen
Zubereitungszeit: 2 Stunden
Ofenzeit: 3 Stunden
Marinierzeit: 7 Tage
Schwierigkeitsgrad: schwierig

200 g Zwiebeln
200 g Sellerieknolle
200 g Karotten
4 l Wasser
1,5 l weißer Obstessig
400 g Zucker
8 Lorbeerblätter
4 Gewürznelken
1 EL Wacholderbeeren
10 Pimentkörner
1 TL weiße Pfefferkörner
Salz
1,5 kg Rinderschulter
frisch gemahlener schwarzer
    Pfeffer
2 EL Instantmehl
30 ml Pflanzenöl
1 EL Tomatenmark
500 g Sahne
400 g saure Sahne
100 g Preiselbeerkonfitüre

1   Für die Marinade Zwiebeln, Sellerieknolle und Karotten schälen und in Würfel schneiden. Das Gemüse mit Wasser, Essig, Zucker, Lorbeerblätter, Gewürznelken, Wacholderbeeren, Piment- und Pfefferkörnern sowie Salz in eine große Auflaufform geben und mischen. Die Rinderschulter in die Marinade legen und 1 Woche marinieren. Dabei jeden zweiten Tag wenden und die Marinade eventuell mit Essig nachsäuern.

2   Am Ende der Marinierzeit das Fleisch herausnehmen, gut abtropfen lassen, mit Salz und Pfeffer würzen und mit dem Mehl bestäuben. Den Backofen auf 210 °C vorheizen.

3   Das Öl in einem Bräter auf dem Herd erhitzen und das Fleisch darin von allen Seiten anbraten. Mit dem Tomatenmark bestreichen und in den heißen Ofen stellen.

4   Die Marinade durch ein Sieb in einen Topf passieren und aufkochen. Das Gemüse zum Fleisch geben und im offenen Bräter mitschmoren lassen. Wenn der Braten eine goldbraune Kruste bekommt, so viel Marinade angießen, dass das Fleisch zu drei Vierteln bedeckt ist. Den Bräter abdecken, die Temperatur auf 180 °C reduzieren und den Braten 3 Stunden schmoren, zwischendurch mehrmals wenden.

5   Den fertigen Braten aus dem Bräter nehmen und warm stellen. Den Bratensatz vom Boden lösen, mit Sahne und saurer Sahne verrühren und durch ein feines Sieb passieren. Mit etwas Preiselbeerkonfitüre abschmecken und noch einmal aufkochen.

6   Den Sauerbraten aufschneiden und mit Sauce und restlicher Preiselbeerkonfitüre servieren.

Als Beilage zum Sauerbraten können Semmelknödel (s. S. 141)
oder Salzkartoffeln serviert werden.

Kirschkonfitüre

Ergibt ca. 800 g
Zubereitungszeit:
  1 Stunde
Schwierigkeitsgrad:
  mittel

700 g Kirschen
250 ml frisch gepresster
  Orangensaft
2 Sternanise
1 Zimtstange
500 g Gelierzucker

1 Die Kirschen waschen und entsteinen. Zusammen mit dem Orangensaft in einen großen Topf geben. Sternanise und Zimtstange in ein Mullsäckchen füllen und in das Obst hängen: am Topfgriff befestigen, damit das Säckchen nicht untergeht. Bei geringer Hitze mindestens 30 Minuten köcheln, bis die Früchte sehr weich sind.

2 Den Zucker zufügen und weiterköcheln. Dabei gelegentlich umrühren, bis der Zucker sich vollständig aufgelöst hat. Aufkochen und 3 Minuten sprudelnd kochen, dann vom Herd nehmen. Leicht abkühlen lassen.

3 Die Gewürze entfernen, dann die Konfitüre in warme, sterilisierte Gläser füllen und mit Pergamentpapier abdecken. Nach dem Abkühlen mit Zellophan oder Schraubdeckeln verschließen, beschriften und kühl aufbewahren.

Omas Kirschkuchen

Ergibt 6 Stücke
Zubereitungszeit: 25 Minuten
Backzeit: 50 Minuten
Schwierigkeitsgrad: mittel

Semmelbrösel, zum Ausstreuen
500 g Kirschen
150 g weiche Butter, plus etwas
   mehr zum Einfetten
150 g Zucker
4 Eier
70 g ungeschälte, gemahlene
   Mandeln
150 g Instantmehl
½ TL Backpulver
Puderzucker, zum Bestäuben

1 Den Backofen auf 180 °C vorheizen. Ein kleines Backblech mit hohem Rand (20 cm x 30 cm) mit etwas Butter einfetten und mit Semmelbröseln bestreuen.

2 Die Kirschen waschen, abtrocknen lassen und entsteinen.

3 Butter und Zucker in einer Küchenmaschine schaumig rühren. Die Eier trennen. Das Eigelb nach und nach unter die Buttermasse rühren. Das Eiweiß steif schlagen. Mandeln, Mehl und Backpulver unter die Buttermasse rühren und den Eischnee unterheben.

4 Den Teig auf das Backblech geben und die Kirschen darauf verteilen.

5 Den Kuchen im Backofen auf unterer Schiene 50 Minuten backen. Nach dem Ende der Backzeit den Kirschkuchen noch weitere 10 Minuten im ausgeschalteten Backofen stehen lassen.

6 Den Kuchen vor dem Servieren mit Puderzucker bestäuben.

Aprikosen-Mohnkuchen

Zubereitungszeit: 30 Minuten
Backzeit: 1 Stunde
Schwierigkeitsgrad: mittel

250 g weiche Butter, plus etwas
   mehr zum Einfetten
2 EL Semmelbrösel
250 g Zucker
2 TL Vanillezucker
4 Eier
500 g Mehl
1 Tütchen Backpulver
½ TL Salz
100 ml Milch
150 g Mohnsaat
500 g Aprikosen
Puderzucker, zum Bestäuben

1 Den Backofen auf 180 °C vorheizen. Ein Backblech (30 cm x 40 cm) mit etwas Butter einfetten und mit den Semmelbröseln bestreuen.

2 Die Butter in einer Schüssel mit dem Handrührgerät cremig rühren, dabei nach und nach Zucker und Vanillezucker unterrühren. Dann die Eier nacheinander einrühren und weiterrühren, bis die Buttermasse glatt ist.

3 Mehl, Backpulver und Salz vermischen und abwechselnd mit der Milch in die Buttermasse einrühren. Weiterrühren, bis ein glatter, zähflüssiger Teig entsteht. Nun den Mohn zugeben und unterrühren.

4 Den Teig auf das Backblech geben und mit einer Winkelpalette glatt streichen.

5 Die Aprikosen waschen, halbieren und entsteinen. Mit der Schnittseite nach oben auf dem Teig verteilen und leicht eindrücken.

6 Den Kuchen im Backofen etwa 1 Stunde backen. Danach kurz auf dem Blech abkühlen lassen und vor dem Servieren mit Puderzucker bestäuben.

Stachelbeer-Baiserkuchen

Ergibt 12 Stücke
Zubereitungszeit: 40 Minuten
Ruhezeit: 1 Stunde
Backzeit: 65 Minuten
Schwierigkeitsgrad: mittel

Teig:
250 g Mehl, plus etwas mehr
  zum Bestäuben
60 g Zucker
1 Prise Salz
abgeriebene Schale von 1 Zitrone
21 g frische Hefe (½ Würfel)
120 ml lauwarme Milch
1 Ei

Füllung:
550 g rote Stachelbeeren
500 g Magerquark
20 g Speisestärke
120 g Zucker
1 TL Vanillezucker
abgeriebene Schale von 1 Zitrone
1 EL Zitronensaft
2 Eier
1 Prise Salz

Baiser:
3 Eiweiß
130 g Zucker

Butter, zum Einfetten
Puderzucker, zum Bestäuben

1 Für den Hefeteig das Mehl in eine Schüssel sieben und in die Mitte eine Mulde drücken. Zucker, Salz und Zitronenschale auf den Mehlrand streuen. Die Hefe in die Mulde bröckeln und mit etwas Milch verrühren. Den Vorteig mit einem Tuch abgedeckt an einem warmen Ort etwa 30 Minuten gehen lassen.

2 Den Vorteig mit der Mehlmischung vom Rand, restlicher Milch und Ei verkneten und zugedeckt weitere 30 Minuten gehen lassen.

3 Für die Füllung in der Zwischenzeit die Stachelbeeren waschen und abtropfen lassen. Den Quark mit Speisestärke, Zucker, Vanillezucker, Zitronenschale und -saft, Eiern und Salz glatt rühren.

4 Den Backofen auf 180 °C vorheizen. Eine geriffelte Tarteform (26 cm Ø) mit etwas Butter einfetten.

5 Für das Baiser das Eiweiß halb steif schlagen, dabei nach und nach den Zucker einrieseln lassen. Den Eischnee weitere 5 Minuten auf höchster Stufe steif und glänzend schlagen.

6 Den Teig auf einer bemehlten Arbeitsfläche mit der Teigrolle ausrollen und die Tarteform damit auslegen. Die Füllung auf dem Teig glatt verstreichen und mit den Stachelbeeren belegen. Die Früchte etwas eindrücken.

7 Den Kuchen im Backofen etwa 50 Minuten backen. Den Eischnee in einen Spritzbeutel mit großer Lochtülle füllen und gitterförmig über die Früchte spritzen. Danach weitere 15 Minuten backen.

8 Den Kuchen in der Form auskühlen lassen und vor dem Servieren mit Puderzucker bestäuben.

Sauerkirsch-Clafoutis

Ergibt 12 Stücke
Zubereitungszeit: 45 Minuten
Ruhezeit: 30 Minuten
Backzeit: 20 Minuten
Schwierigkeitsgrad: mittel

2 Eier
60 g Zucker
1 EL Vanillezucker
100 g Mehl
200 ml Milch
1 Prise Salz
1 Msp. abgeriebene Schale
   von 1 Zitrone
250 g Sauerkirschen
2 EL Pflanzenöl
1 EL Puderzucker, zum Bestäuben

1   Die Eier trennen. Das Eigelb mit Zucker und Vanillezucker in der Küchenmaschine schaumig rühren. Mehl, Milch, Salz und Zitronenschale unterrühren, bis ein glatter Teig entsteht. Danach den Teig 30 Minuten ruhen lassen.

2   Den Backofen auf 180 °C vorheizen.

3   Die Sauerkirschen entstielen, waschen und in einem Sieb abtropfen lassen.

4   Das Eiweiß in der Küchenmaschine steif schlagen und vorsichtig unter den Teig heben.

5   Das Pflanzenöl in einer ofenfesten Pfanne (28 cm Ø) erhitzen. Den Teig hineingießen und auf dem Herd 5 Minuten bei geringer Hitze backen, bis die Unterseite leicht gebräunt ist. Die Kirschen auf die noch nicht ganz feste Oberfläche streuen.

6   Den Clafoutis dann etwa 15 Minuten im Backofen backen. Aus der Pfanne auf eine Tortenplatte gleiten lassen und lauwarm mit dem Puderzucker bestreuen und servieren.

Mirabellenkuchen

Ergibt 8 Stück
Zubereitungszeit: 25 Minuten
Backzeit: 45 Minuten
Schwierigkeitsgrad: mittel

Butter, zum Einfetten
250 g Mirabellen
3 Eier
75 g Zucker
1 Prise Salz
100 g Mehl
120 g gemahlene Mandeln
130 g Schlagsahne
Puderzucker, zum Bestäuben

1 Den Backofen auf 180 °C vorheizen. Eine geriffelte Tarteform mit hohem Rand (22 cm Ø) mit etwas Butter einfetten.

2 Die Mirabellen waschen, abtrocknen lassen und im Ganzen verwenden.

3 Eier, Zucker und Salz mit dem Handrührgerät schaumig rühren. Das Mehl esslöffelweise zugeben und unterrühren. Die Mandeln zugeben und nach und nach die Sahne zugießen. Weiterrühren, bis ein glatter, zähflüssiger Teig entsteht.

4 Den Teig in die Form geben. Zum Schluss die Mirabellen mit dem Stiel nach oben hineinsetzen.

5 Den Kuchen im Backofen etwa 45 Minuten backen. Auskühlen lassen, aus der Form nehmen und vor dem Servieren mit Puderzucker bestäuben.

Anstelle von Mirabellen können Pflaumen, Aprikosen oder auch Brombeeren verwendet werden. Wegen der leicht säuerlichen Note schmeckt dazu sehr gut Crème fraîche mit etwas Vanillezucker verrührt.

Johannisbeer-Heidelbeer-Törtchen mit Baiser

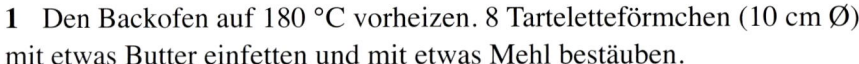

Ergibt 8 Stück
Zubereitungszeit: 35 Minuten
Backzeit: 25 Minuten
Schwierigkeitsgrad: mittel

Teig:
300 g Mehl, plus etwas mehr
    zum Bestäuben
1 TL Backpulver
200 g Butter, plus etwas mehr
    zum Einfetten
100 g Zucker
1 Tütchen Vanillezucker
1 Ei

Belag:
100 g Heidelbeergelee
250 g Heidelbeeren
250 g Rote Johannisbeeren

Baiser:
3 Eiweiß
180 g Zucker
Saft von ½ Zitrone

1 Den Backofen auf 180 °C vorheizen. 8 Tarteletteförmchen (10 cm Ø) mit etwas Butter einfetten und mit etwas Mehl bestäuben.

2 Für den Teig Mehl und Backpulver vermischen. Die Butter in einer Küchenmaschine mit Zucker, Vanillezucker und Ei schaumig rühren. Die Mehlmischung hinzufügen und alles mit einem Knethaken zu einem glatten Teig verrühren.

3 Den Teig mit einer Teigrolle auf einer bemehlten Arbeitsfläche etwa 5 mm dick ausrollen. Die Förmchen eng zusammenstellen und den Teig darüberlegen. Den Teig in die Förmchen drücken und die Ränder mit einem Messer glatt abschneiden.

4 Die Böden im Backofen etwa 15 Minuten vorbacken. Herausnehmen und abkühlen lassen.

5 Für den Belag das Heidelbeergelee glatt rühren und auf den Törtchenböden verstreichen. Heidelbeeren und Johannisbeeren waschen, verlesen und darüber verteilen.

6 Für das Baiser das Eiweiß halb steif schlagen, dabei nach und nach den Zucker einrieseln lassen. Den Eischnee weitere 5 Minuten auf höchster Stufe steif und glänzend schlagen. Den Zitronensaft hinzugeben. Das Baiser in einen Spritzbeutel mit kleiner Lochtülle füllen und punktartig auf die Beeren spritzen.

7 Die Törtchen im Backofen weitere 10 Minuten backen, bis die Baiserspitzen hellbraun sind. Aus dem Ofen nehmen und vor dem Servieren erkalten lassen.

Heidelbeerpfannkuchen

Für 4 Personen
Zubereitungszeit: 35 Minuten
Ruhezeit: 15 Minuten
Schwierigkeitsgrad: einfach

240 g Mehl
500 ml Milch
60 g Zucker, plus etwas mehr
   zum Bestreuen
3 Eier
100 g Butter, plus etwas mehr
   zum Ausbacken
250 g Heidelbeeren
2 EL Pflanzenöl
Puderzucker, zum Bestäuben

1 Das Mehl in eine Rührschüssel sieben. Die Hälfte der Milch und Zucker mit einem Schneebesen unter das Mehl rühren, bis ein zähflüssiger Teig entsteht. Die restliche Milch zugießen, die Eier hineinschlagen und weiterrühren, bis der Teig glatt ist.

2 Die Butter in einem Stieltopf schmelzen, bis die Molke goldgelb ist und ein nussiger Geruch entsteht. Die Nussbutter abkühlen lassen und mit dem Pürierstab in den Teig einarbeiten. Den Teig abgedeckt 15 Minuten im Kühlschrank ruhen lassen.

3 Die Heidelbeeren waschen und verlesen.

4 Etwas Pflanzenöl in einer beschichteten Pfanne (26 cm Ø) erhitzen. Ein Viertel des Teigs in die Pfanne geben und diese schwenken, um ihn gut und gleichmäßig zu verteilen.

5 Ein Viertel der Heidelbeeren in den noch flüssigen Pfannkuchenteig geben. Mit etwas Zucker bestreuen, etwa 2 Minuten braten und wenden. Am Rand der Pfanne verteilt einige Butterflocken schmelzen lassen und den Pfannkuchen erneut 2 Minuten auf der Heidelbeerseite braten, bis er goldgelb karamellisiert ist.

6 Auf einen vorgewärmten Teller geben und im Backofen warm stellen. Die restlichen Pfannkuchen auf die gleiche Weise ausbacken, dabei vorher jeweils etwas Öl in die Pfanne geben. Zum Servieren mit Puderzucker bestäuben.

Der Heidelbeerpfannekuchen schmeckt sehr gut mit Vanilleeiscreme oder Vanillesauce (s. S. 204).

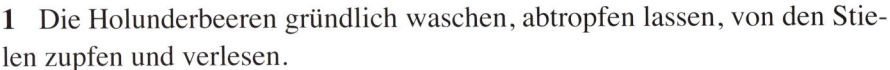

Holundersaft

Ergibt 2 Liter
Zubereitungszeit: 1 Stunde
Schwierigkeitsgrad: einfach

1200 g reife Holunderbeeren
750 ml Wasser
150 g Zucker
1 Zimtstange
Saft und Schale von ½ Zitrone

1 Die Holunderbeeren gründlich waschen, abtropfen lassen, von den Stielen zupfen und verlesen.

2 Die Beeren in einen Topf geben und mit dem Wasser übergießen. Zucker, Zimt, Zitronenschale und -saft zugeben.

3 Die Holunderbeeren aufkochen und bei geringer Hitze etwa 10 Minuten köcheln lassen, bis sie weich und verschrumpelt sind – dann lassen sie sich gut ausdrücken.

4 Die Früchte durch ein feines Sieb in eine Schüssel passieren oder in einem Küchentuch ausdrücken.

5 Den Saft mit einem Trichter in Flaschen abfüllen, verschließen und im Kühlschrank aufbewahren.

Tipp: Um den Saft für den Winter haltbar zu machen, kann er eingekocht werden: Den Saft in verschließbare Flaschen füllen; diese in einen Topf mit heißem Wasser und 1 Esslöffel Essig stellen und etwa 30 Minuten kochen. Durch die Zugabe von Essig flockt der Kalk im Wasser nicht und die Flaschen bleiben sauber. Der Saft wird im Wasserbad sterilisiert. Danach herausnehmen, auf ein Tuch stellen, abtrocknen und auskühlen lassen.

Holunderkaltschale mit Eischneewolken

Für 4 Personen
Zubereitungszeit: 35 Minuten
Ruhezeit: 1 Stunde
Schwierigkeitsgrad: mittel

Kaltschale:
3 Blatt Gelatine
250 ml Sekt
500 ml Holundersaft (s. S. 118)
80 g Puderzucker
1 Zimtstange

Eischneewolken:
3 Eiweiß
1 Prise Salz
50 g Zucker

Holunderbeeren, zum Garnieren

1 Die Gelatineblätter in reichlich kaltem Wasser 10 Minuten einweichen.

2 Sekt, Holundersaft, Puderzucker und Zimtstange in einen Topf geben und aufkochen. Vom Herd nehmen, die ausgedrückten Gelatineblätter zugeben und unter Rühren darin auflösen. Die Masse durch ein Sieb in eine Schüssel passieren und im Kühlschrank 1 Stunde kalt stellen und fest werden lassen.

3 In der Zwischenzeit Eiweiß und Salz mit einem Handrührgerät halb steif schlagen. Nach und nach den Zucker einrieseln lassen und weiterrühren, bis der Zucker vollständig aufgelöst ist und das Baiser fest wird.

4 Einen Topf 5 cm hoch mit Wasser füllen und dieses aufkochen. Mit einem Esslöffel kleine Portionen vom Baiser abstechen und in das Wasser geben. Den Topf vom Herd nehmen und mit einem Deckel verschließen. Die Eischneewolken etwa 5 Minuten ziehen lassen, danach mit einem Schaumlöffel auf einen Teller heben und auskühlen lassen.

5 Die Holunderkaltschale in Schälchen füllen und mit Eischneewolken und Holunderbeeren garnieren.

Welfencreme mit Weinschaumsauce

Für 6 Personen
Zubereitungszeit: 30 Minuten
Kühlzeit: 1 Stunde
Schwierigkeitsgrad: mittel

Welfencreme:
1 Vanillestange
4 EL Speisestärke
500 ml Milch
60 g Zucker
1 Prise Salz
3 Eiweiß

Weinschaumsauce:
3 Eigelb
80 g Zucker
1 EL Zitronensaft
1 TL Speisestärke
250 ml trockener Weißwein

1 Für die Creme die Vanillestange der Länge nach halbieren und das Mark herauskratzen. Die Speisestärke mit etwa 50 ml Milch in einer Tasse glatt rühren.

2 Die restliche Milch mit Vanillemark und -stange, der Hälfte des Zuckers und Salz in einen Topf geben und aufkochen.

3 Die Speisestärke mit einem Schneebesen in die Vanillemilch rühren und noch einmal kurz aufkochen. Vom Herd nehmen und etwas abkühlen lassen, dabei immer wieder umrühren. Die Vanillestange entfernen.

4 Eiweiß und restlichen Zucker mit einem Handrührgerät steif schlagen und den Eischnee nach und nach unter die lauwarme Vanillecreme heben. Hohe Gläser halbvoll mit der Creme füllen und diese kalt stellen.

5 Für die Weinschaumsauce das Eigelb mit Zucker, Zitronensaft, Speisestärke und Weißwein in einen Topf geben, verrühren und bei geringer Hitze unter ständigem Rühren mit dem Schneebesen erhitzen. Dabei aber nicht kochen, denn der Schaum muss schön luftig und etwas dicklich sein.

6 Den heißen Weinschaum über die Welfencreme gießen und servieren. Die Kombination zwischen der kalten Milchcreme und der heißen Weinschaumsauce ist besonders ansprechend.

Das Dessert kann man auch im Kühlschrank erkalten lassen und dann mit etwas süßem Gebäck, z. B. Löffelbiskuits, servieren oder mit zerbröselten Butterkeksen garnieren.

Herbst

Suppen, Salate & Vorspeisen

Hauptspeisen

Nachspeisen & Süßes

Kartoffelsuppe mit brauner Mehlschwitze

Für 4 Personen
Zubereitungszeit: 45 Minuten
Schwierigkeitsgrad: mittel

150 g Karotten
100 g Sellerieknolle
500 g mehlig kochende Kartoffeln
1 kleine Porreestange
1,5 l Rinderbrühe
3 Lorbeerblätter
10 Wacholderbeeren
3 Gewürznelken
Salz
frisch gemahlener weißer Pfeffer
50 g Butter
60 g Mehl
100 g saure Sahne
2 EL Apfelessig

1   Karotten, Sellerie und Kartoffeln waschen, schälen und in 2 cm große Würfel schneiden.

2   Von der Porreestange grüne Teile und Wurzelansatz entfernen, waschen und in 1 cm dicke Ringe schneiden.

3   Die Brühe in einem Topf aufkochen, Kartoffel- und Gemüsewürfel, Porreeringe, Lorbeerblätter, Wacholderbeeren und Gewürznelken zugeben und mit Salz und Pfeffer würzen. Die Suppe kurz aufkochen und bei mittlerer Hitze etwa 15 Minuten köcheln lassen.

4   Die Butter in einem kleinen Stieltopf zerlassen und das Mehl darin unter Rühren anschwitzen, bis es gebräunt ist. Die Mehlschwitze nach und nach mit einem Schneebesen in die Suppe einrühren, sodass sie gebunden wird.

5   Zum Schluss die saure Sahne einrühren und die Suppe mit dem Apfelessig abschmecken.

Um eine vegetarische Kartoffelsuppe zuzubereiten, kann die Rinderbrühe durch Gemüsebrühe ersetzt werden.

Kümmelkartoffeln mit Buttermilch

Für 4 Personen

Zubereitungszeit: 15 Minuten
Ofenzeit: 35 Minuten
Schwierigkeitsgrad: einfach

800 g kleine Kartoffeln
  (Bamberger Hörnchen oder
  Sieglinde)
1 TL Salz
1 Prise schwarzer Pfeffer
1 TL Kreuzkümmelsamen
3 EL Pflanzenöl
20 g Butter

frische Buttermilch, zum Servieren

1 Den Backofen auf 180 °C vorheizen.

2 Die Kartoffeln sehr gut waschen und mit einer Bürste säubern. Anschließend halbieren und in eine Schüssel geben. Mit Salz, Pfeffer, Kümmelsamen und Pflanzenöl vermischen.

3 Die Kartoffelhälften in eine Brat- oder Auflaufform mit der Schnittseite nach unten legen und im Ofen etwa 35 Minuten goldgelb backen.

4 Kurz vor dem Ende der Garzeit die Butter in kleinen Flöckchen über den Kartoffeln verteilen und weiterbraten, bis die Butter leicht gebräunt ist. Am besten in der Bratform servieren und Buttermilch dazu reichen.

Die Kümmelkartoffeln können mit Kräuterdip (s. S. 77), mit überbackenem Porree (s. S. 182) oder zum Schweinebraten (s. S. 158) serviert werden.

Linseneintopf mit Mettenden

Für 4 Personen
Zubereitungszeit: 70 Minuten
Schwierigkeitsgrad: mittel

500 g getrocknete braune
 Tellerlinsen
75 g Karotten
2 Schalotten
75 g Stangensellerie
85 g Porree
1 Knoblauchzehe
20 g Butter
90 ml Sonnenblumenöl
2 Lorbeerblätter
Salz
frisch gemahlener schwarzer
 Pfeffer
1 EL Tomatenmark
1 l Rinderbrühe
½ TL getrockneter Majoran
5 Wacholderbeeren, fein gehackt
1 Bund Petersilie
8 Mettwürstchen
2 EL scharfer Senf
1 Prise frisch geriebene
 Muskatnuss
1 TL Apfelessig

1 Die Linsen in kochendes Salzwasser geben und kurz aufkochen lassen. In ein Sieb schütten, unter fließendem kaltem Wasser abkühlen und dann abtropfen lassen.

2 Karotten und Schalotten schälen und in feine Würfel schneiden. Sellerie und Porree waschen, Wurzelansätze und grüne Teile entfernen und in Würfel schneiden. Einige Sellerieblätter aufbewahren. Die Knoblauchzehe mit der Schale andrücken.

3 Butter und Öl in einem Topf erhitzen. Die Schalottenwürfel zugeben und etwa 2 Minuten anbraten. Sellerie, Lauch, Karotten, Knoblauch und Lorbeerblätter zugeben, mit Salz und Pfeffer würzen und das Gemüse weitere 5 Minuten dünsten, bis es glasig ist.

4 Das Gemüse auf eine Seite des Topfs schieben. Das Tomatenmark auf die freie Stelle geben und kurz anbraten, damit es an Säure verliert. Danach alles vermischen und kurz weitergaren.

5 Die Linsen zugeben und alles 2 bis 3 Minuten dünsten. Mit der Rinderbrühe aufgießen, Majoran und Wacholderbeeren zugeben und aufkochen.

6 Den Petersilienbund mit Küchengarn zusammenbinden und mit den Mettwürstchen in den Topf geben. Den Linseneintopf aufkochen und 20 Minuten köcheln lassen. Dabei immer wieder vorsichtig umrühren. Zum Schluss mit Senf, Muskatnuss und Apfelessig abschmecken.

7 Lorbeerblätter und Petersilienbund aus dem Linsengericht entfernen. Den Eintopf mit den Mettenden auf Tellern anrichten und mit den Sellerieblättern garnieren.

Kürbisrahmsuppe mit Kürbiskernöl

Für 4 Personen
Zubereitungszeit: 50 Minuten
Schwierigkeitsgrad: mittel

1,2 kg Kürbis (Hokkaido)
1 Knoblauchzehe
80 g Zwiebeln
80 g Karotten
60 g Sellerieknolle
150 g rote Paprika
40 g Butter
½ TL Salz
1 Prise geriebene Muskatnuss
1 Lorbeerblatt
2 Gewürznelken
1 TL Tomatenmark
1½ TL edelsüßes Paprikapulver
1,5 l Geflügel- oder Gemüsebrühe
200 g Sahne
4 EL Kürbiskernöl, zum Beträufeln

1 Den Kürbis waschen, halbieren und die Kerne mit einem Löffel herauskratzen. Die Hälften in Spalten schneiden, schälen und in etwa 2 cm große Stücke schneiden.

2 Knoblauch und Zwiebeln schälen. Den Knoblauch in feine Scheiben schneiden. Karotten und Sellerie schälen und zusammen mit den Zwiebeln in 1 cm große Würfel schneiden. Die Paprika waschen, aufschneiden, entkernen und ebenfalls in Würfel schneiden.

3 Die Butter in einem Topf zerlassen und Knoblauch und Zwiebeln darin glasig dünsten. Das Gemüse zugeben und weitere 5 Minuten andünsten.

4 Das Kürbisfleisch zufügen, mit Salz und Muskatnuss würzen und Lorbeerblatt und Gewürznelken zufügen. Etwa 10 Minuten bei mittlerer Hitze dünsten, bis der Kürbis zu zerfallen beginnt.

5 Das Kürbisgemüse im Topf etwas zur Seite schieben. Tomatenmark und Paprikapulver auf die freie Stelle geben und kurz anbraten, danach erst mit dem Kürbisgemüse vermischen.

6 Die Brühe aufgießen, die Suppe aufkochen und 15 Minuten bei mittlerer Hitze köcheln lassen. Die Sahne zugießen und nochmals aufkochen.

7 Die Suppe mit einem Pürierstab fein pürieren und erneut mit Salz und Muskatnuss abschmecken. Vor dem Servieren mit dem Kürbiskernöl beträufeln.

Kürbisgemüse mit Schmand & Dill

1 Den Kürbis waschen, abbürsten, halbieren und die Kerne mit einem Löffel herausschaben. Die Hälften in Spalten und danach in 2 cm große Stücke schneiden.

2 Die Karotten schälen, der Länge nach halbieren und in Stücke schneiden. Die Zwiebel schälen und in feine Würfel schneiden.

3 Die Butter in einem Topf zerlassen, Zwiebel und Karotten zugeben und 2 Minuten lang andünsten. Dann die Kürbisstücke zugeben, mit Salz, Pfeffer und Muskatnuss würzen und weitere 5 Minuten unter Rühren bei mittlerer Hitze andünsten.

4 Die Kürbisstücke im Topf etwas zur Seite schieben. Tomatenmark und Paprikapulver auf die freie Stelle geben und anbraten. Dann mit dem Kürbis vermischen und alles mit Essig und Gemüsebrühe ablöschen. Abgedeckt erneut 20 Minuten dünsten, zwischendurch umrühren.

5 Zum Schluss den Schmand einrühren und noch einmal aufkochen lassen. Den Dill waschen, die Spitzen abzupfen, grob schneiden und vor dem Servieren unter das Gemüse mischen.

Für 4 Personen
Zubereitungszeit: 35 Minuten
Schwierigkeitsgrad: mittel

1 kg Kürbis (Hokkaido)
2 Karotten
1 Zwiebel
30 g Butter
Salz
frisch gemahlener schwarzer
   Pfeffer
frisch geriebene Muskatnuss
1 TL Tomatenmark
1 TL edelsüßes Paprikapulver
1 EL Apfelessig
500 ml Gemüsebrühe
250 g Schmand
1 Bund frischer Dill oder
   1 EL Dill, in Salz eingelegt
   (s. S. 30)

Dieses würzige Herbstgericht kann auch zum Tafelspitz (s. S. 154) oder zu Rinderrouladen (s. S. 92) serviert werden.

Sauerkrautsuppe mit Paprika

Für 4 Personen
Zubereitungszeit: 1 Stunde
Schwierigkeitsgrad: einfach

30 g Zwiebel
150 g Kartoffeln
100 g geräucherter Speck
50 ml Wasser
50 g Zucker
50 ml Pflanzenöl
1 Lorbeerblatt
2 Gewürznelken
½ Knoblauchzehe
3 Wacholderbeeren
150 ml Weißwein
10 g edelsüßes Paprikapulver
4 geräucherte Mettwürste
1 kg Sauerkraut
1,5 l Geflügelbrühe
Salz
frisch gemahlener schwarzer
  Pfeffer
200 g saure Sahne

1   Die Zwiebel schälen, halbieren und in dünne Streifen schneiden. Die Kartoffeln ebenfalls schälen und in 2 cm große Stücke schneiden. Den Speck in Streifen schneiden.

2   Wasser und Zucker in einem Topf aufkochen und unter Rühren erhitzen, bis der Zucker karamellisiert.

3   Die Speckstreifen hineingeben, mit dem Pflanzenöl begießen und leicht anbraten. Die Speckscheiben nach einigen Minuten wenden.

4   Zwiebelstreifen, Lorbeerblatt, Gewürznelken, Knoblauch und Wacholderbeeren zufügen und alles 10 Minuten glasig dünsten. Dann mit dem Paprikapulver bestäuben.

5   Mit dem Weißwein ablöschen und diesen fast vollständig verkochen lassen. Möglichen Bratensatz mit einem Rührlöffel vom Topfboden lösen.

6   Die Mettwürste in 2 cm dicke Scheiben schneiden und zusammen mit den Kartoffeln zum Zwiebelgemüse geben und untermischen.

7   Das Sauerkraut zugeben, verteilen, mit der Brühe aufgießen und mit Salz und Pfeffer würzen. Die Suppe bei mittlerer Hitze abgedeckt etwa 30 Minuten köcheln lassen. Zwischendurch umrühren. Zum Schluss auf Tellern anrichten, mit saurer Sahne garnieren oder diese unterrühren und servieren.

Ofen-Herbstgemüse mit Rosmarin

Für 4 Personen
Zubereitungszeit: 20 Minuten
Ofenzeit: 30 Minuten
Schwierigkeitsgrad: einfach

7 kleine Zwiebeln
1 Porreestange
3 orange Karotten
3 lila Karotten
3 Petersilienwurzeln
12 kleine Kartoffeln
1 Fenchelknolle
2 Zweige Rosmarin
4 EL Rapsöl
Salz
frisch gemahlener schwarzer
   Pfeffer

1 Den Backofen auf 180 °C vorheizen.

2 Die Zwiebeln schälen und vierteln. Das grüne obere Drittel der Porree-stange und den Wurzelansatz abschneiden, die Stange unter fließendem Wasser waschen und in etwa 7 cm lange Stücke schneiden.

3 Karotten, Petersilienwurzeln und Kartoffeln waschen, schälen und in längliche Stücke schneiden. Die Fenchelknolle waschen, Stiele und Wur-zelansatz entfernen und in 2 cm große Segmente schneiden. Den Rosmarin waschen und die Blätter von den Zweigen zupfen.

4 Das Gemüse auf ein Backblech legen, mit dem Rapsöl beträufeln, mit Rosmarin, Salz und Pfeffer würzen und mit den Händen gut vermischen.

5 Das Gemüse im Ofen etwa 30 Minuten rösten. Gelegentlich umrühren, damit es gleichmäßig gart und bräunt.

Auch anderes Gemüse kann geröstet werden: Ebenso schmackhaft sind Rote Bete, Pastinaken, Rosenkohlröschen, Süßkartoffeln oder Kürbisstücke.
Zum Ofengemüse kann ein Kräuterdip (s. S. 77) serviert werden.

Petersilienwurzel-Rahmsuppe mit Croûtons

Für 4 Personen
Zubereitungszeit: 45 Minuten
Schwierigkeitsgrad: mittel

2 Zwiebeln
300 g Petersilienwurzeln
40 g Butter
750 ml Geflügel- oder
   Gemüsebrühe
Salz
1 Prise frisch geriebene
   Muskatnuss
400 g Sahne
100 g Crème fraîche

Croûtons:
2 Scheiben Graubrot
30 g Butter

1 Die Zwiebeln schälen, halbieren und in feine halbe Ringe schneiden. Die Petersilienwurzeln waschen, schälen und in kleine Stücke schneiden.

2 Die Butter in einem Topf zerlassen und die Zwiebeln darin glasig andünsten. Die Petersilienwurzelstücke zugeben und weitere 2 Minuten andünsten.

3 Die Brühe angießen und mit Salz und Muskatnuss würzen. Die Suppe aufkochen und bei geringer Hitze 15 Minuten köcheln lassen.

4 Sahne und Crème fraîche zugeben, einrühren und die Suppe erneut kurz aufkochen. Mit einem Pürierstab fein pürieren und gegebenenfalls noch mal mit Salz abschmecken.

5 Für die Croûtons die Brotscheiben in 1 cm große Würfel schneiden. Die Butter in einer Pfanne erhitzen und die Brotwürfel darin goldgelb rösten. Die Croûtons vor dem Servieren über die Rahmsuppe streuen.

Pilzgulasch mit Semmelknödeln

Für 4 Personen
Zubereitungszeit: 1½ Stunden
Ruhezeit: 30 Minuten
Schwierigkeitsgrad: mittel

Pilzgulasch:
750 g gemischte Pilze (Steinpilze,
    Pfifferlinge, Butterpilze,
    Maronen, Rotkappen u. a.)
1 Zwiebel
40 g Butter
1 TL edelsüßes Paprikapulver
Salz
frisch gemahlener weißer Pfeffer
1 Lorbeerblatt
10 Wacholderbeeren
500 g Sahne
350 g saure Sahne
1 EL Speisestärke
2 EL Wasser
½ Bund glatte Petersilie

Semmelknödel:
750 g Weißbrot vom Vortag
150 ml heiße Milch
3 Eier
1 Zwiebel
40 g Butter
1 Bund glatte Petersilie
Salz
1 Prise frisch geriebene
    Muskatnuss, nach Belieben

1 Für die Semmelknödel das Weißbrot in dünne Scheiben schneiden und in eine Schüssel geben. Milch und Eier verrühren, über das Weißbrot gießen und alles 30 Minuten abgedeckt ruhen lassen.

2 Die Zwiebel schälen, halbieren und in kleine Würfel schneiden. Die Butter in einer Pfanne zerlassen und die Zwiebelwürfel darin glasig andünsten.

3 Die Petersilie waschen, die Blätter von den Stängeln zupfen und fein hacken. Zur Zwiebel geben, leicht erwärmen, über die Brotmischung geben und gut vermengen, sodass ein Brotteig entsteht. Nach Belieben mit Muskatnuss würzen.

4 Aus dem Teig mit feuchten Händen jeweils etwa 60 g schwere, lockere Knödel formen. In einem Topf reichlich Salzwasser aufkochen, die Knödel hineinlegen und abgedeckt 20 Minuten bei geringer Hitze ziehen lassen.

5 In der Zwischenzeit für das Pilzgulasch die Pilze putzen, falls nötig waschen und in Scheiben schneiden. Die Zwiebel schälen, halbieren und in feine Würfel schneiden.

6 Die Butter in einem Topf zerlassen und die Zwiebelwürfel darin andünsten. Mit dem Paprikapulver bestäuben und die Pilze hineingeben. Mit Salz und Pfeffer würzen, Lorbeerblatt und Wacholderbeeren zugeben und das Gulasch abgedeckt etwa 10 Minuten bei mittlerer Hitze dünsten.

7 Sahne und saure Sahne verrühren und zu den Pilzen geben. Weitere 5 Minuten köcheln lassen. Speisestärke und Wasser in einer Schale glatt rühren und in das Pilzgulasch rühren, um es zu binden.

8 Die Petersilie waschen, die Blätter von den Stielen zupfen und fein schneiden. Zum Schluss in das Pilzgulasch geben.

9 Die Knödel mit einem Schaumlöffel aus dem Wasser heben, abtropfen lassen und mit dem Pilzgulasch servieren.

Die Semmelknödel schmecken hervorragend zu allen Bratengerichten mit Sauce.

Sellerieschnitzel mit Joghurt-Schnittlauchsauce

Für 4 Personen
Zubereitungszeit: 75 Minuten
Schwierigkeitsgrad: mittel

Sellerieschnitzel:
4 kleine Sellerieknollen
Salz
frisch gemahlener Pfeffer
1 Prise frisch geriebene
  Muskatnuss
2 Eier
2 EL Mehl
200 g Paniermehl
80 ml Öl
50 g Butter
1 Zitrone

Joghurt-Schnittlauchsauce:
2 Bund Schnittlauch
150 g Joghurt
150 g Crème fraîche
Salz
frisch gemahlener Pfeffer
Saft von ½ Zitrone

1 Für die Schnitzel die Sellerieknollen putzen, waschen, schälen und in reichlich Salzwasser etwa 30 Minuten bissfest kochen. In kaltes Wasser legen und abkühlen lassen.

2 Die Knollen in 5 mm dicke Scheiben schneiden und mit Salz, Pfeffer und Muskatnuss würzen.

3 Die Eier in einer Schüssel verquirlen. Mehl und Paniermehl jeweils auf einem Teller verteilen. Die Selleriescheiben zuerst in Mehl, dann in den verquirlten Eiern und zum Schluss im Paniermehl wenden und panieren. Das Paniermehl leicht andrücken.

4 Für die Sauce den Schnittlauch waschen, verlesen und in feine Ringe schneiden. Joghurt und Crème fraîche mischen und mit Salz, Pfeffer und Zitronensaft würzen. Den Schnittlauch unterrühren.

5 Öl und Butter in einer großen Pfanne aufschäumen und die Sellerieschnitzel darin auf beiden Seiten etwa 10 Minuten goldgelb und knusprig braten. Herausnehmen und auf eine mit Küchenpapier ausgelegte Platte geben, sodass das überschüssige Fett abtropft.

6 Die Zitrone heiß abwaschen und achteln. Mit der Joghurt-Schnittlauchsauce zu den Sellerieschnitzeln servieren.

Für ein vegetarisches Hauptgericht kann man die Sellerieschnitzel mit Kartoffel-Radieschensalat (s. S. 40) oder mit Schwarzwurzel-Kartoffel-Gratin (s. S. 190) servieren.

Döppekuchen

Für 4 Personen
Zubereitungszeit: 30 Minuten
Backzeit: 2 Stunden
Schwierigkeitsgrad: einfach

1,5 kg mehlig kochende Kartoffeln
1 Brötchen vom Vortag
250 ml Milch
3 Eier
Salz
frisch gemahlener schwarzer
   Pfeffer
1 Prise frisch geriebene
   Muskatnuss
½ TL getrockneter Majoran
4 Mettwürstchen
Schmalz, zum Einfetten

1 Den Backofen auf 180 °C vorheizen.

2 Die Kartoffeln schälen und mit einer Reibe in eine Schüssel reiben.

3 Das Brötchen in 1 cm große Würfel schneiden und in eine zweite Schüssel geben. Die Milch erhitzen, über die Brötchenwürfel gießen und diese etwa 10 Minuten einweichen lassen.

4 Brötchenwürfel und Milch zur der Kartoffelmasse geben. Die Eier unterrühren, mit Salz, Pfeffer, Muskatnuss und Majoran kräftig würzen und alles gründlich vermengen.

5 Die Mettwürstchen in 2 cm dicke Scheiben schneiden.

6 Eine Auflaufform mit Schmalz einfetten und die Kartoffelmasse hineingeben. Die Wurstscheiben darüber verteilen und leicht eindrücken.

7 Den Döppekuchen im Ofen etwa 2 Stunden backen, bis er leicht gebräunt ist.

Zum Döppekuchen am besten nach rheinischer Art Apfelkompott oder Apfelmus (s. S. 74) servieren.

Gebratener Kabeljau mit Speckbohnen & Nordseegarnelen

Für 4 Personen
Zubereitungszeit: 35 Minuten
Schwierigkeitsgrad: mittel

4 Kabeljaufilets à 200 g,
   küchenfertig
2 EL Zitronensaft
Salz
frisch gemahlener weißer Pfeffer
2 EL Instantmehl
2 EL Pflanzenöl
60 g Butter
400 g gegarte Nordseegarnelen

Speckbohnen:
600 g zarte Buschbohnen
2 Stängel Bohnenkraut
Salz
1 Zwiebel
½ Bund glatte Petersilie
20 g Butter
30 g Speckwürfel
frisch gemahlener schwarzer
   Pfeffer

1 Für die Speckbohnen die Bohnen waschen und Stielansätze abschneiden. Das Bohnenkraut ebenfalls waschen. In einem Topf reichlich Wasser mit Bohnenkraut und Salz aufkochen und die Bohnen darin 8 Minuten kochen. In kaltem Wasser abschrecken und in einem Sieb abtropfen lassen.

2 Die Zwiebel schälen, halbieren und in feine Würfel schneiden. Die Petersilie waschen, die Blätter von den Stängeln zupfen und fein schneiden.

3 Die Butter in einer Pfanne erhitzen. Zuerst die Speckwürfel darin auslassen, dann die Zwiebelwürfel zugeben und goldgelb andünsten. Die Bohnen zugeben und mit Salz und Pfeffer würzen. In der Pfanne durchschwenken. Zum Schluss die Petersilie unter die Bohnen mischen und das Gemüse bis zum Servieren beiseitestellen.

4 Die Kabeljaufilets waschen, mit Küchenpapier trocken tupfen und falls notwendig von restlichen Gräten befreien. Mit dem Zitronensaft beträufeln und etwa 5 Minuten ziehen lassen. Mit Salz und Pfeffer würzen.

5 Das Mehl auf einen flachen Teller geben und die Filets darin wenden und panieren; überschüssiges Mehl abklopfen.

6 Das Öl in einer Pfanne erhitzen und die Filets darin nacheinander bei mittlerer Hitze auf jeder Seite 5 bis 6 Minuten braun und knusprig braten. Fertig gebratene Stücke aus der Pfanne heben und im Ofen warm halten.

7 Das Fett aus der Pfanne gießen. Butter und Garnelen in der Pfanne etwa 1 Minute heiß werden lassen, leicht salzen und pfeffern und über die Kabeljaufilets verteilen. Zusammen mit den Speckbohnen servieren.

Tipp: Anstelle von Garnelen kann der Kabeljau auch mit gebratenen Speckstreifen belegt und serviert werden.

Als Beilage zum Fisch passen gut Petersilienkartoffeln (s. S. 27) oder auch Röstkartoffeln (s. S. 44).

Wirsingrouladen mit Hackfleischfüllung in Zwiebelsauce

Für 4 Personen
Zubereitungszeit: 2 Stunden
Schwierigkeitsgrad: mittel

1 großer Kopf Wirsing
500 g gemischtes Hackfleisch
   (Rind und Schwein)
4 EL Paniermehl
2 Eier
1 EL scharfer Senf
1 TL getrockneter Majoran
Salz
frisch gemahlener schwarzer
   Pfeffer
4 Zwiebeln
150 g geräucherter Speck
1 EL Schweineschmalz
½ TL Kreuzkümmelsamen
2 EL Sonnenblumenöl
1 EL Tomatenmark
1 l Rinderbrühe

1 Die welken Blätter vom Wirsing entfernen. Nun 8 äußere Blätter vorsichtig abschälen, indem man sie am Strunk abtrennt und nach außen drückt. Den restlichen Wirsing vierteln, den Strunk herausschneiden und die Viertel in feine Streifen schneiden.

2 Für die Füllung Hackfleisch, Paniermehl, Eier, Senf, Majoran und Wirsingstreifen in eine Schüssel geben, gut vermengen und mit Salz und Pfeffer würzen.

3 In einem Topf reichlich Salzwasser aufkochen, die ganzen Blätter hineingeben und kochen, bis sie weich sind. Die Blätter in einer Schüssel mit Eiswasser auskühlen lassen. Herausnehmen, auf einem Küchentuch trocknen und aus jedem Blatt den Strunk zur Hälfte herausschneiden.

4 Die Wirsingblätter auslegen und die Hackfleischfüllung darauf verteilen. Die Seiten der Blätter nach innen schlagen, zu Rouladen aufrollen und mit Küchengarn umwickeln und binden.

5 Die Zwiebeln schälen, halbieren und in Streifen schneiden. Die Schwarte vom Speck abschneiden und den Speck zuerst in feine Scheiben, dann in Streifen schneiden.

6 Das Schweineschmalz in einem Schmortopf erhitzen und die Speckstreifen darin auslassen. Die Zwiebelstreifen zugeben und glasig andünsten. Die Kümmelsamen mit dem Sonnenblumenöl beträufeln und mit einem Messer fein hacken. Kümmel und Tomatenmark zur Zwiebelmischung in die Pfanne geben und alles etwa 2 Minuten rösten.

7 Die Rouladen in die Pfanne geben und von allen Seiten einige Minuten anbraten. Dann die Rinderbrühe angießen und die Rouladen abgedeckt 50 Minuten bei mittlerer Hitze schmoren. Dabei gelegentlich wenden.

8 Die Rouladen aus dem Topf nehmen, das Küchengarn entfernen und sie mit der Zwiebelsauce servieren.

Anstelle von Wirsing kann man auch Weißkohl für die Rouladen verwenden. Dazu passen Salzkartoffeln oder Reis als Beilage.

Kalbshaxe mit Schmorgemüse & Liebstöckel

Für 4 bis 6 Personen

Zubereitungszeit: 30 Minuten
Ofenzeit: 3 Stunden
Schwierigkeitsgrad: mittel

10 Schalotten
5 Karotten
1 kg neue Kartoffeln
1 Kalbshaxe (ca. 1,2 kg)
Meersalz
frisch gemahlener schwarzer
    Pfeffer
Mehl, zum Bestäuben
40 g gesalzene Butter
2 Lorbeerblätter
5 Gewürznelken
100 ml trockener Weißwein
    (Grauburgunder)
3 Stängel Liebstöckel

1 Den Backofen auf 160 °C vorheizen.

2 Die Schalotten schälen und ganz belassen. Karotten und Kartoffeln waschen, schälen und halbieren.

3 Die Kalbshaxe mit Salz und Pfeffer kräftig würzen und mit etwas Mehl bestäuben.

4 Die Butter in einem Bräter auf dem Herd aufschäumen und die Kalbshaxe darin von allen Seiten hellbraun anbraten.

5 Schalotten, Lorbeerblätter und Gewürznelken zu der Kalbshaxe geben, den Bräter in den Ofen auf mittlere Schiene stellen und die Haxe insgesamt 3 Stunden braten.

6 Die Kalbshaxe alle 15 Minuten mit dem eigenen Bratensaft begießen und öfters wenden, damit sie von allen Seiten gleichmäßig bräunt. Nach und nach mit dem Weißwein ablöschen.

7 Nach 2 Stunden Bratenzeit Karotten und Kartoffeln zugeben und den Bratensatz mit Wasser ablöschen, um eine Bratensauce zu bekommen.

8 Eine weitere Stunde im Ofen braten, dabei immer wieder mit dem eigenen Bratensaft übergießen und das Gemüse wenden.

9 Das Liebstöckel waschen, die Blätter von den Stängeln zupfen und zum Schluss über die Kalbshaxe geben.

10 Die Kalbshaxe aus dem Bräter nehmen, das Fleisch vom Knochen lösen, in Scheiben schneiden und zusammen mit dem Schmorgemüse aus dem Bräter servieren.

Gekochter Tafelspitz mit Rote-Bete-Salat

Für 6 bis 8 Personen
Zubereitungszeit: 2 Stunden,
 20 Minuten
Schwierigkeitsgrad: mittel

Tafelspitz:
5 Wacholderbeeren
10 weiße Pfefferkörner
3 Zwiebeln
300 g Karotten
½ Sellerieknolle
2 Porreestangen
5 l Wasser
1 EL grobes Meersalz
1,6 kg Rindertafelspitz
5 Gewürznelken
2 Lorbeerblätter
frisch geriebene Muskatnuss
500 g kleine fest kochende
 Kartoffeln
½ Bund frische Petersilie
½ Bund frischer Schnittlauch

Rote-Bete-Salat:
800 g kleine Rote Beten
 aus dem Glas
3 EL Apfelessig
1 TL Puderzucker
Salz
frisch gemahlener schwarzer
 Pfeffer
1 TL frisch geriebener Meerrettich
5 EL Sonnenblumenöl

1 Für den Tafelspitz Wacholderbeeren und Pfefferkörner mit dem Messerrücken leicht zerdrücken oder im Mörser zerstoßen. Die Wurzelansätze der Zwiebeln entfernen und die Zwiebeln ungeschält halbieren.

2 Das Wurzelgemüse waschen, dann Karotten und Sellerie schälen und den Wurzelansatz der Porreestangen sowie die grünen Teile abschneiden. Je nach Größe jedes Gemüse in 2 oder 3 Stücke schneiden.

3 Wasser und Salz in einem großen Topf aufkochen, den Tafelspitz hineingeben und 1 Stunde bei mittlerer Hitze köcheln lassen.

4 Zwiebeln, Wurzelgemüse und Gewürze zugeben und alles 1 Stunde bei mittlerer Hitze weiterkochen.

5 Für den Salat die Rote Beten in ein Sieb geben, gut abtropfen lassen und je nach Größe halbieren. Für die Marinade Essig, Puderzucker, Salz, Pfeffer und Meerrettich in einer Schüssel verrühren. Dann das Öl mit einem Schneebesen einrühren. Die Rote Beten untermischen, die Schüssel abdecken und bis zum Servieren beiseitestellen und marinieren.

6 Die Kartoffeln schälen und die letzten 20 Minuten in der Brühe des Tafelspitzes mitkochen; sie sollten nicht zu weich werden und zerfallen.

7 Gekochtes Gemüse und Kartoffeln aus dem Topf nehmen, in mundgerechte Stücke schneiden und warm halten. Die Petersilie waschen und die Blätter von den Stängeln zupfen. Den Schnittlauch waschen, verlesen und in 3 cm lange Stücke schneiden.

8 Den Tafelspitz aus dem Topf heben und in 1 cm dicke Scheiben schneiden, dabei darauf achten, gegen die Fasern zu schneiden. Auf einer Platte mit Gemüse und Kartoffeln anrichten und mit den Kräutern bestreuen. Mit dem Rote-Bete-Salat servieren.

Dazu kann Joghurt-Schnittlauch-Sauce (s. S. 144) oder auch Remouladensauce (s. S. 201) serviert werden.

Gekochtes Kassler mit Rahmporree

Für 4 Personen
Zubereitungszeit: 40 Minuten
Schwierigkeitsgrad: mittel

Kassler:
1 Zwiebel
1 Lorbeerblatt
2 Gewürznelken
1 kg Kassler ohne Knochen, gepökelt
10 schwarze Pfefferkörner
Salz

Rahmporree:
800 g Porree
Salz
40 g Butter
1 EL Mehl
250 ml Geflügelbrühe
500 g Sahne
frisch gemahlener schwarzer Pfeffer
frisch geriebene Muskatnuss
½ TL getrockneter Majoran

1 Für das Kassler die Zwiebel schälen und mit Lorbeerblatt und Gewürznelken spicken.

2 Reichlich Wasser in einem Topf aufkochen. Kassler, gespickte Zwiebel, Pfefferkörner und Salz hineingeben und das Fleisch bei mittlerer Hitze etwa 25 Minuten köcheln lassen.

3 Für den Rahmporree den Porree putzen, Wurzelansätze und äußere Blätter entfernen, das obere Drittel der dunkelgrünen Blätter abschneiden und die Stangen halbieren. Unter fließendem Wasser waschen, dabei die Erdreste zwischen den Blättern entfernen. Dann in 3 cm große Stücke schneiden.

4 Die Porreestücke in einen Topf mit kochendem Salzwasser geben und 3 bis 5 Minuten kochen. In ein Sieb abschütten, mit kaltem Wasser abschrecken und gut abtropfen lassen.

5 Die Butter in einem Topf zerlassen und das Mehl darin goldbraun anschwitzen. Mit der Brühe ablöschen und die Mehlschwitze mit einem Schneebesen glatt rühren. Kurz aufkochen, dann die Sahne einrühren. Mit Salz, Pfeffer, Muskatnuss und Majoran würzen. Danach erneut etwa 10 Minuten bei geringer Hitze köcheln lassen.

6 Den Porree in die Sahnesauce geben und weitere 2 Minuten köcheln lassen.

7 Das Kassler aus dem Topf heben, gut abtropfen lassen, in dünne Scheiben schneiden und mit Rahmporree servieren.

Schweinebraten mit Weißkohl

Für 4 Personen
Zubereitungszeit: 30 Minuten
Ofenzeit: 80 Minuten
Schwierigkeitsgrad: mittel

Schweinebraten:
2 Knoblauchzehen
1,5 kg Schweineschulter
    ohne Schwarte
2 EL Pflanzenöl
Salz
frisch gemahlener schwarzer
    Pfeffer
2 Karotten
¼ Sellerieknolle
4 Zwiebeln
200 ml Wasser
150 ml dunkles Bier

Weißkohl:
1,5 kg Weißkohl
2 Zwiebeln
1 Knoblauchzehe
½ TL Kreuzkümmelsamen
1 TL Pflanzenöl
30 g Schweineschmalz
Salz
Pfeffer
250 ml Wasser
1 TL Zucker
1 EL Obstessig

1 Den Backofen auf 160 °C vorheizen.

2 Für den Braten die Knoblauchzehen schälen und fein würfeln. Die Schweineschulter mit dem Pflanzenöl einreiben, damit die Gewürze besser am Braten haften bleiben. Dann mit Knoblauch, Salz und Pfeffer würzen und einreiben.

3 Karotten und Sellerie schälen und grob zerteilen. Die äußeren losen Schalen der Zwiebeln mit der Hand abreiben und den Wurzelansatz abschneiden.

4 Schweinebraten und Zwiebeln in einen Bräter gegeben. Das Wasser zugießen und den Braten 40 Minuten im Ofen garen. Zwischendurch immer wieder mit dem Bratensaft begießen.

5 Karotten und Sellerie zugeben und weitere 40 Minuten braten, dabei öfters mit dem Bier übergießen und den Braten wenden.

6 Für das Gemüse den Weißkohl waschen, die äußeren, welken Blätter entfernen und vierteln. Den Strunk herausschneiden und die Wirsingviertel in 3 cm breite Streifen schneiden. Die Zwiebeln schälen, halbieren und in Streifen schneiden. Den Knoblauch schälen und fein hacken. Den Kreuzkümmel mit dem Öl beträufeln und fein hacken.

7 Das Schweineschmalz in einem Topf erhitzen. Zwiebeln und Knoblauch darin 2 Minuten andünsten. Den Weißkohl zugeben und weitere 2 Minuten andünsten. Mit Kümmel, Salz und Pfeffer würzen und das Wasser zugießen. Den Kohl abgedeckt etwa 35 Minuten bei mittlerer Hitze garen, dabei gelegentlich umrühren. Zum Schluss mit Zucker und Essig abschmecken.

8 Den Schweinebraten aus dem Bräter nehmen, in Scheiben schneiden, mit Bratengemüse und Weißkohl servieren.

Als Beilage zum Schweinebraten können Kümmelkartoffeln (s. S. 128) oder Semmelknödel (s. S. 141) serviert werden.

Hühnerfrikassee mit Pilzen & Reis

Für 4 bis 6 Personen
Zubereitungszeit: 1 Stunde
Ofenzeit: 25 bis 30 Minuten
Schwierigkeitsgrad: schwierig

1 Huhn (ca. 1,8 kg), küchenfertig
Salz
frisch gemahlener weißer Pfeffer
1 Knoblauchzehe
150 g Schalotten
100 g Sellerieknolle
100 g Stangensellerie
100 g Porree
15 große Champignons
60 g Butter
2 Lorbeerblätter
3 Gewürznelken
5 Pimentkörner
1 Prise Zucker
1 Prise frisch geriebene
   Muskatnuss
100 ml Riesling
40 ml trockener Wermut
   (Noilly Prat)
750 ml Geflügelbrühe
300 g Sahne
100 g Crème fraîche
300 g frische Erbsen
2 EL Öl
2 Spritzer Zitronensaft

Reis:
1 kleine Zwiebel
1 Lorbeerblatt
2 Gewürznelken
20 g Butter
2 Tassen Langkornreis (ca. 400 g)
Salz

1   Das Huhn waschen, in einen Topf mit reichlich kochendem Wasser geben und 10 Minuten kochen. In einem Sieb abtropfen lassen, mit Küchenpapier trocken tupfen, in Stücke zerteilen und mit Salz und Pfeffer würzen. Den Backofen auf 200 °C vorheizen.

2   Knoblauch, Schalotten und Sellerieknolle schälen, Porree und Sellerie putzen und unter fließendem Wasser waschen. Das Gemüse in feine Würfel schneiden. Die Champignons putzen und vierteln.

3   Die Butter in einem Schmortopf zerlassen und die Hühnerteile darin goldgelb anbraten. Bis auf die Pilze Gemüse, alle Gewürze und Zucker zugeben und andünsten. Mit Weißwein und Wermut ablöschen und die Flüssigkeit fast vollständig einkochen lassen. Die Brühe zugießen, den Schmortopf abgedeckt in den Ofen stellen und alles 25 bis 30 Minuten garen.

4   Für den Reis die Zwiebel schälen und mit Lorbeerblatt und Gewürznelken spicken. Die Butter in einem Topf zerlassen und den Reis darin andünsten. Die Zwiebel zugeben, 3½ Tassen Wasser angießen, salzen und umrühren.

5   Den Reis im abgedeckten Topf bei geringer Hitze etwa 15 Minuten garen. Danach mit einer Gabel auflockern und bis zum Servieren warm stellen.

6   Die Hühnerteile aus dem Schmortopf nehmen und etwas abkühlen lassen. Dann die Haut abziehen, das Fleisch von den Knochen lösen, in 3 bis 4 cm große Stücke schneiden und in einen Topf geben.

7   Sahne und Crème fraîche in die Geflügel-Gemüse-Sauce einrühren und erneut unter Rühren aufkochen, bis die Sauce cremig ist. Durch ein Sieb in den Topf mit dem Hühnerfleisch passieren und das Frikassee vermengen.

8   Die Erbsen in einem Topf mit kochendem Wasser etwa 5 Minuten garen, dann in ein Sieb abschütten. Das Öl in einer Pfanne erhitzen und die Champignons darin unter Rühren kurz anbraten. Mit Salz und Pfeffer würzen und mit dem Zitronensaft beträufeln.

9   Das Frikassee mit dem Reis anrichten. Die Erbsen unter die Champignons mischen und beides über das Frikassee verteilen.

Apfelpfannkuchen

Für 4 Personen
Zubereitungszeit: 35 Minuten
Schwierigkeitsgrad: einfach

240 g Mehl
500 ml Milch
60 g Zucker, plus etwas mehr
   zum Bestreuen
3 Eier
100 g Butter, plus etwas mehr
   zum Ausbacken
3 Äpfel (Golden Delicious)
2 EL Pflanzenöl
Puderzucker, zum Bestäuben

1 Das Mehl in eine Rührschüssel sieben. Die Hälfte der Milch und Zucker mit einem Schneebesen unter das Mehl rühren, bis ein zähflüssiger Teig entsteht. Die restliche Milch zugießen, die Eier hineinschlagen und weiterrühren, bis der Teig glatt ist.

2 Die Butter in einem Stieltopf schmelzen, bis die Molke goldgelb ist und ein nussiger Geruch entsteht. Die Nussbutter abkühlen lassen und mit dem Pürierstab in den Teig einarbeiten. Den Teig abgedeckt 15 Minuten im Kühlschrank ruhen lassen.

3 Die Äpfel schälen, vom Kerngehäuse befreien und in 2 bis 3 mm dünne Scheiben schneiden.

4 Etwas Pflanzenöl in einer beschichteten Pfanne (26 cm Ø) erhitzen. Ein Viertel des Teigs in die Pfanne geben und diese schwenken, um ihn gut und gleichmäßig zu verteilen.

5 Ein Viertel der Apfelscheiben in den noch flüssigen Pfannkuchenteig geben. Mit etwas Zucker bestreuen, etwa 2 Minuten braten und wenden. Am Rand der Pfanne verteilt einige Butterflocken schmelzen lassen und den Pfannkuchen erneut 2 Minuten auf der Apfelseite braten, bis er goldgelb karamellisiert ist.

6 Auf einen vorgewärmten Teller geben und im Backofen warm stellen. Die restlichen Pfannkuchen auf die gleiche Weise ausbacken, dabei vorher jeweils etwas Öl in die Pfanne geben. Zum Servieren mit Puderzucker bestäuben.

Die Pfannkuchen können zusätzlich mit etwas Apfelschnaps beträufelt und flambiert oder mit Vanillesauce (s. S. 204) serviert werden.

Zwetschgenstrudel

Ergibt 1 Strudel
Zubereitungszeit: 30 Minuten
Ruhezeit: 30 Minuten
Backzeit: 45 Minuten
Schwierigkeitsgrad: mittel

Teig:
130 ml Wasser
1 Prise Salz
1 EL Öl, plus etwas mehr
　zum Bestreichen
1 Eigelb
250 g Mehl, plus etwas mehr
　zum Bestäuben
zerlassene Butter, zum Bestreichen
Obstbrand, zum Beträufeln

Füllung:
400 g Zwetschgen
180 g Butter
100 g Semmelbrösel
70 g gemahlene Mandeln
150 g Zucker
1 Prise Zimt
Puderzucker, zum Bestäuben

1　Den Backofen auf 180 °C vorheizen. Ein Backblech (30 cm x 40 cm) mit Butter einfetten.

2　Für den Teig Wasser, Salz, Öl und Eigelb in einer Rührschüssel vermischen. Das Mehl hinzufügen und alles zu einem glatten Teig verrühren. Den Teig abgedeckt 30 Minuten ruhen lassen.

3　Den Strudelteig auf einem bemehlten Küchentuch mit der Teigrolle dünn ausrollen und mit Öl bestreichen. Dann mit etwas zerlassener Butter bestreichen und mit Obstbrand beträufeln.

4　Für die Füllung die Zwetschgen waschen, entsteinen, in dünne Ringe schneiden und auf dem Teig verteilen. Die Hälfte der Butter in einer Pfanne zerlassen und die Semmelbrösel darin bräunen. Mit Mandeln, Zucker und Zimt vermischen und die Masse über die Zwetschgen streuen.

5　Den Strudelteig mithilfe des Küchentuchs einrollen und auf das Blech legen.

6　Den Strudel im Backofen etwa 45 Minuten backen und kurz vor Ende der Backzeit mit der restlichen Butter bepinseln. Vor dem Servieren mit Puderzucker bestäuben.

Zitronentarte à la Angela

Ergibt 8 Stücke
Zubereitungszeit: 25 Minuten
Kühlzeit: 30 Minuten
Backzeit: 65 Minuten
Schwierigkeitsgrad: mittel

Teig:
200 g Mehl, plus etwas mehr
   zum Bestäuben
90 g Puderzucker
90 g gemahlene Mandeln
140 g Butter, plus etwas mehr
   zum Einfetten
1 Ei
1 Prise Salz

Belag:
abgeriebene Schale und Saft
   von 3 Zitronen
150 g Butter
265 g Zucker
4 Eier
2 Zitronen
100 g Wasser
100 g Zucker

1 Den Backofen auf 140 °C vorheizen. Eine Tarteform (24 cm Ø) mit Butter einfetten.

2 Für den Teig Mehl, Puderzucker und Mandeln vermischen. Die Butter in einem Topf zerlassen. In einer Küchenmaschine die Mehlmischung mit Butter, Ei und Salz verrühren. Danach mit den Händen zu einem glatten Teig verkneten und diesen in Frischhaltefolie gewickelt 30 Minuten kalt stellen.

3 Für den Belag Zitronensaft und -schale, Butter und Zucker in einem Stieltopf unter Rühren erwärmen, bis sich der Zucker aufgelöst hat. Die Eier mit einem Schneebesen schaumig schlagen und in die Zitronenmasse geben. Vom Herd nehmen und dabei weiter umrühren, bis eine geschmeidige Creme entsteht.

4 Den Teig auf einer bemehlten Arbeitsfläche mit der Teigrolle 5 mm dünn zu einem Kreis ausrollen. In die Form legen, den Rand gut andrücken und den überstehenden Teig abschneiden. Den Boden mehrmals mit einer Gabel einstechen.

5 Den Teigboden mit Backpapier belegen, mit Hülsenfrüchten beschweren und im Backofen auf der untersten Schiene 15 Minuten blindbacken. Hülsenfrüchte und Backpapier entfernen und den Boden weitere 15 Minuten backen. Aus dem Backofen nehmen und die Temperatur auf 140 °C zurückschalten. Die Zitronencreme auf den Teig gießen und weitere 35 Minuten backen.

6 In der Zwischenzeit die Zitronen heiß abwaschen und in dünne Scheiben schneiden. Die Scheiben in einem flachen Topf mit Wasser und Zucker aufkochen und 10 Minuten langsam köcheln lassen. Danach in dem Zuckersirup auskühlen lassen.

7 Die fertige Tarte auf einem Kuchengitter auskühlen lassen. Vor dem Servieren die Zitronenscheiben auf der Tarte verteilen.

Milchnudeln mit Dörrobst

Für 4 Personen
Zubereitungszeit: 15 Minuten
Schwierigkeitsgrad: einfach

150 g Hörnchennudeln
1 Prise Salz
750 ml Milch
3 EL Puderzucker
200 g Dörrobst
Puderzucker, zum Bestäuben

1   Die Hörnchennudeln in einem Topf mit reichlich Wasser und Salz 5 Minuten kochen. Die Nudeln abschütten und in einen zweiten Topf geben.

2   Milch und Puderzucker zu den Nudeln geben und alles unter Rühren erhitzen.

3   Die Nudeln weitere 5 bis 7 Minuten bei mittlerer Hitze köcheln und gelegentlich umrühren. Für die letzten 2 Minuten der Garzeit das Dörrobst zugeben.

4   Die Milchnudeln mit dem Dörrobst servieren und mit Puderzucker bestäuben.

Mit Birnen, Pflaumen oder anderem Obst kann man auch selber Dörrobst herstellen: Die Früchte schälen, entkernen oder entsteinen und in dünne Scheiben schneiden. Auf ein mit Backpapier ausgelegtes Backblech legen und bei 70 Grad im Backofen etwa 6 Stunden trocknen lassen; dabei die Backofentür ein wenig offen stehen lassen.

Grießflammeri mit Birnen

Für 6 bis 8 Personen
Zubereitungszeit: 45 Minuten
Kühlzeit: 4 Stunden
Schwierigkeitsgrad: mittel

1 Vanillestange
500 ml Milch
100 g Zucker
1 Zimtstange
1 Prise Salz
80 g Hartzweizengrieß
3 Blatt weiße Gelatine
abgeriebene Schale von ¼ Orange
abgeriebene Schale von ¼ Zitrone
20 ml Orangenlikör
2 Birnen (Rote Williams)
500 g Sahne
Butter, zum Einfetten

1 Die Vanillestange der Länge nach halbieren und das Mark herauskratzen. Milch, Zucker, Vanillemark und -stange, Zimtstange und Salz in einen Topf geben, kurz aufkochen lassen und vom Herd nehmen. Vanille- und Zimtstange herausnehmen.

2 Den Grieß mit dem Schneebesen in die Milch rühren. Den Topf zurück auf den Herd stellen und alles bei mittlerer Hitze unter ständigem Rühren etwa 4 Minuten kochen, dann abkühlen lassen.

3 Die Gelatineblätter in etwas kaltem Wasser 10 Minuten einweichen, ausdrücken und in einem kleinen Topf auf dem Herd schmelzen. Gelatine, Orangen- und Zitronenschale sowie Orangenlikör unter die Grießmasse rühren.

4 Die Birnen waschen, schälen, vierteln und das Kerngehäuse herausschneiden. In dünne Scheiben schneiden und mit der Grießmasse mischen.

5 Die Sahne mit dem Handrührgerät halb steif schlagen und vorsichtig unterheben, damit die Masse schön locker wird.

6 Eine Puddingform mit etwas Butter einfetten, die Grießmasse einfüllen und mit Frischhaltefolie abgedeckt im Kühlschrank etwa 4 Stunden kalt stellen und fest werden lassen.

7 Die Puddingform kurz in heißes Wasser geben, damit die Butter schmilzt und der Flammeri sich vom Rand löst. Auf eine Platte stürzen und servieren.

Winter

Suppen, Salate & Vorspeisen

Hauptspeisen

Nachspeisen & Süßes

Graupensuppe mit Backerbsen

Für 4 Personen
Zubereitungszeit: 1 Stunde,
    20 Minuten
Schwierigkeitsgrad: mittel

Graupensuppe:
500 g Kassler
2 Zwiebeln
200 g Karotten
150 g Sellerieknolle
100 g Petersilienwurzeln
200 g festkochende Kartoffeln
150 g Perlgraupen
3 EL Sonnenblumenöl
1 Lorbeerblatt
3 Gewürznelken
1 TL getrockneter Majoran
Salz
frisch gemahlener schwarzer
    Pfeffer
2 l Rinderbrühe
1 Bund glatte Petersilie

Backerbsen:
2 Eier
20 ml Milch
25 g Mehl
Salz
1 l Erdnussöl, zum Ausbacken

1 Für die Suppe das Kassler in 1 cm dicke Scheiben, dann in 1 cm große Würfel schneiden.

2 Zwiebeln, Karotten, Sellerie und Petersilienwurzeln schälen und in 1 cm große Würfel schneiden. Die Kartoffeln ebenfalls schälen und in 2 cm große Würfel schneiden.

3 Die Graupen unter fließendem, kaltem Wasser gründlich abspülen. Das Öl in einem großen Topf erhitzen und Gemüse- und Kartoffelwürfel, Lorbeerblatt, Gewürznelken und Majoran zugeben, mit Salz und Pfeffer würzen und alles 5 Minuten andünsten.

4 Kasslerwürfel und Graupen zugeben, den Eintopf mit der Rinderbrühe aufgießen und aufkochen. Bei mittlerer Hitze etwa 35 Minuten köcheln lassen, dabei öfter umrühren.

5 Für die Backerbsen Eier, Milch und Mehl in einer Schüssel mit dem Schneebesen zu einem glatten Teig verrühren und mit Salz würzen.

6 Das Öl in einem hohen Topf auf 160 °C erhitzen. Dann den Teig langsam in das heiße Öl tröpfeln lassen, sodass sich kleine, erbsengroße Teigstücke bilden. Die Backerbsen 2 Minuten goldbraun ausbacken, dann mit einem Schaumlöffel herausnehmen, auf Küchenpapier abtropfen und auskühlen lassen.

7 Die Petersilie waschen, die Blätter von den Stielen zupfen und fein hacken. Den fertigen Eintopf mit Salz und Pfeffer abschmecken und die Backerbsen zugeben. Vor dem Servieren die Petersilie darüberstreuen.

Backerbsen sind eine leckere Einlage für viele Suppen und fester Bestandteil der Hochzeitssuppe (s. S. 18).

Käsesuppe mit Croûtons

Für 4 Personen
Zubereitungszeit: 30 Minuten
Schwierigkeitsgrad: mittel

Käsesuppe:
1 Zwiebel
½ Knoblauchzehe
30 g Butter
30 g Mehl
1 l Geflügel- oder Gemüsebrühe
1 Lorbeerblatt
200 g Sahne
200 g geriebener Emmentaler
Salz
frisch geriebener schwarzer Pfeffer

Croûtons:
4 Scheiben Weißbrot
20 g Butter

1 Für die Suppe die Zwiebel schälen, halbieren und in feine Würfel schneiden. Den Knoblauch schälen und sehr fein hacken.

2 Die Butter in einem Topf zerlassen und Zwiebelwürfel und Knoblauch darin 3 Minuten glasig dünsten. Mit dem Mehl bestäuben und weitere 2 Minuten anschwitzen, Mehl und Zwiebelwürfel sollten aber keine Farbe annehmen.

3 Die Brühe angießen, das Lorbeerblatt zugeben und alles mit einem Schneebesen glatt rühren. Unter ständigem Rühren aufkochen, damit die Suppe nicht anbrennt. Dann bei geringer Hitze 10 Minuten köcheln lassen, gelegentlich umrühren.

4 Für die Croûtons die Brotscheiben in 1 cm kleine Würfel schneiden. Die Butter in einer Pfanne zerlassen und die Würfel darin von allen Seiten goldbraun rösten. Bis zur Verwendung beiseitestellen.

5 Sahne und Käse in die Suppe geben und mit dem Schneebesen verrühren, bis der Käse aufgelöst ist. Dann mit Salz und Pfeffer würzen und das Lorbeerblatt herausnehmen.

6 Die Käsesuppe mit den Croûtons anrichten und mit Pfeffer bestreuen.

Für die Suppe können auch andere Käsesorten wie Gruyère, Appenzeller, Raclette oder Ihr Lieblingskäse verwendet werden.

Brotsuppe mit Leberwurst-Toast

Für 4 Personen
Zubereitungszeit: 45 Minuten
Schwierigkeitsgrad: einfach

Brotsuppe:
3 Scheiben Roggenbrot
  (etwa 150 g)
1 Zwiebel
40 g Butter
½ TL Kreuzkümmelsamen
½ TL Sonnenblumenöl
Salz
frisch gemahlener schwarzer
  Pfeffer
½ TL Zucker
150 ml Bier
1 l Rinderbrühe
150 g Sahne
½ Bund Schnittlauch,
  nach Belieben

Toast:
2 Scheiben Roggenbrot
100 g grobe Leberwurst

1 Für die Suppe die Brotscheiben in kleine Würfel schneiden. Die Zwiebel schälen, halbieren und in feine Würfel schneiden.

2 Die Butter in einem Stieltopf zerlassen und die Zwiebelwürfel darin glasig dünsten. Die Brotwürfel zugeben und 5 Minuten langsam rösten, ohne dass die Zwiebelwürfel zu dunkel werden.

3 Den Kümmelsamen mit dem Öl beträufeln und mit einem großen Messer fein hacken. (Durch das Öl springen die Kümmelsamen nicht weg und lassen sich so mühelos fein hacken.) Über die Brotwürfel geben und mit Salz, Pfeffer und Zucker würzen.

4 Die Brotwürfel mit dem Bier ablöschen und aufkochen. Die Rinderbrühe aufgießen und alles 20 Minuten köcheln lassen.

5 Die Sahne in die Suppe gießen, mit einem Pürierstab grob pürieren und gegebenenfalls noch mal mit Salz und Pfeffer abschmecken.

6 Den Schnittlauch waschen, in feine Röllchen schneiden und nach Belieben in die Suppe rühren (sie geben ihr eine etwas frische Schärfe).

7 Für die Toasts die Brotscheiben knusprig toasten, mit der Leberwurst bestreichen, in Rauten schneiden und zur Brotsuppe servieren.

Porree in Schinken mit Käse

Für 4 Personen
Zubereitungszeit: 20 Minuten
Ofenzeit: 20 Minuten
Schwierigkeitsgrad: einfach

1 kg dünne Porreestangen
Salz
Butter, zum Einfetten
200 g gekochter Schinken,
  in Scheiben
200 g Appenzeller, in Scheiben
200 g Sahne
2 Eigelb
frisch gemahlener schwarzer
  Pfeffer
1 Prise frisch geriebene
  Muskatnuss

1 Den Porree putzen, Wurzelansätze und äußere Blätter entfernen, das obere Drittel mit den dunkelgrünen Blättern abschneiden und die Stangen am oberen Ende einschneiden. Unter fließendem Wasser waschen, dabei die Erdreste zwischen den Blättern entfernen. Dann die Porreestangen quer halbieren. Eine halbe Stange in feine Ringe schneiden und diese beiseitestellen.

2 Reichlich Wasser in einem Topf aufkochen, salzen und die Porreestangen 10 Minuten darin kochen. Abgießen, gut abtropfen lassen, auf Küchenpapier legen und leicht andrücken, um das restliche Wasser zu entfernen.

3 Den Backofen auf 200 °C vorheizen. Eine Auflaufform mit etwas Butter einfetten.

4 Die Schinkenscheiben halbieren, die Käsescheiben in ebenso große Stücke teilen. Jeweils 1 Schinken- und 1 Käsescheibe übereinanderlegen, 1 Porreestück hineinlegen und aufrollen. Die Röllchen dicht nebeneinander in die Form legen.

5 Sahne, Eigelb, Salz, Pfeffer und Muskat in einer Schüssel mit einem Schneebesen verquirlen und über die Röllchen gießen. Den Auflauf im Ofen etwa 20 Minuten überbacken, bis die Oberfläche gebräunt ist.

6 Den überbackenen Porree vor dem Servieren mit den Porreeringen bestreuen.

Dazu grünen Salat (s. S. 36) und frisches Baguette servieren.

Rosenkohl in Käsesauce

Für 4 Personen
Zubereitungszeit: 30 Minuten
Ofenzeit: 25 Minuten
Schwierigkeitsgrad: einfach

Rosenkohl:
1 kg kleinköpfiger Rosenkohl
Salz
30 g Semmelbrösel
20 g Butter

Käsesauce:
1 Zwiebel
1 Lorbeerblatt
2 Gewürznelken
60 g Butter
30 g Mehl
750 ml Milch
250 g Sahne
Salz
1 Prise weißer Pfeffer
1 Prise frisch geriebene
  Muskatnuss
60 g geriebener Emmentaler
100 g geriebener Appenzeller

1 Den Rosenkohl putzen, dabei die äußeren Blätter entfernen und den Strunk der Röschen kreuzweise 5 mm tief einschneiden.

2 In einem Topf reichlich Salzwasser aufkochen und die Röschen darin etwa 10 Minuten garen. Dann in ein Sieb gießen, mit kaltem Wasser abschrecken und beseitestellen.

3 Den Backofen auf 190 °C vorheizen.

4 Für die Käsesauce die Zwiebel schälen und mit Lorbeerblatt und Gewürznelken spicken.

5 Die Butter in einem Topf zerlassen und das Mehl darin hell anschwitzen. Die Hälfte der Milch mit dem Schneebesen einrühren, bis sich die Mehlschwitze auflöst.

6 Restliche Milch und Sahne zugießen und einrühren. Die gespickte Zwiebel in die Sauce geben und etwa 20 Minuten bei geringer Hitze köcheln lassen, dabei öfter umrühren. Zum Schluss mit Salz, Pfeffer und Muskatnuss würzen.

7 Die Sauce durch ein feines Sieb passieren und den geriebenen Käse einrühren.

8 Die Rosenkohlröschen in eine Auflaufform geben. Mit der Käsesauce übergießen und die Form etwas anklopfen, damit sich die Sauce besser verteilt. Mit den Semmelbröseln bestreuen und die Butter in Flocken darüber verteilen.

9 Den Auflauf im Ofen etwa 25 Minuten backen, bis die Oberfläche leicht gebräunt ist. Die Auflaufform herausnehmen und servieren.

Kleine Speckwürfel oder geräucherte Würstchenstücke können unter die Käsesauce gemischt werden und geben dem Rosenkohl einen würzigeren und kräftigeren Geschmack.

Grünkohl mit Speck & Mettwürsten

Für 4 Personen
Zubereitungszeit: 1½ Stunden
Schwierigkeitsgrad: mittel

2 kg Grünkohl
2 Zwiebeln
4 Karotten
500 g festkochende Kartoffeln
50 g Schweineschmalz
200 g geräucherter Speck
Salz
frisch gemahlener schwarzer
    Pfeffer
500 ml Wasser
6 Mettwürste
2 EL scharfer Senf, plus etwas
    mehr zum Servieren
½ TL Zucker

1 Welke und fleckige Blätter vom Grünkohl entfernen. Die Kohlblätter von den dicken Strünken abzupfen und mehrmals waschen.

2 Den Grünkohl in reichlich Salzwasser 1 Minute kochen. Mit einem Schaumlöffel herausnehmen und in einer Schüssel mit Eiswasser auskühlen lassen. Durch ein Sieb abgießen, abtropfen lassen und zusätzlich mit den Händen das restliche Wasser ausdrücken.

3 Die Zwiebeln schälen, halbieren und der Länge nach in Streifen schneiden. Karotten und Kartoffeln schälen und in 2 cm große Stücke schneiden.

4 Das Schweineschmalz in einem großen Topf erhitzen, Zwiebelstreifen, Karotten- und Kartoffelstücke zugeben und andünsten.

5 Den Speck in 2 cm große Stücke schneiden und zu dem Gemüse geben.

6 Den Grünkohl grob schneiden und darübergeben. Mit Salz und Pfeffer würzen und mit dem Wasser aufgießen. Die Mettwürste zum Grünkohl geben und vorsichtig untermischen.

7 Den Eintopf abgedeckt bei mittlerer Hitze 1 Stunde köcheln lassen. Dabei zwischendurch umrühren und gegebenenfalls mit etwas Wasser auffüllen, damit der Grünkohl nicht anbrennt.

8 Die Würste herausnehmen und warm halten. Den Grünkohl mit Senf, Zucker und Pfeffer abschmecken und gut verrühren. Mit den Mettwürsten auf Tellern anrichten und servieren.

Schwarzwurzel-Kartoffel-Gratin

Für 4 Personen
Zubereitungszeit: 40 Minuten
Ofenzeit: 20 Minuten
Schwierigkeitsgrad: mittel

600 g Schwarzwurzeln
1 l Wasser
1 l Milch
1 EL Mehl
Salz
Saft von ½ Zitrone
850 g mehlig kochende Kartoffeln
2 Knoblauchzehen
250 g Sahne
1½ TL Salz
1 Prise schwarzer Pfeffer
1 Prise frisch geriebene
   Muskatnuss
10 g Butter, plus etwas mehr
   zum Einfetten

1 Die Schwarzwurzeln unter fließendem Wasser abbürsten und waschen. Dann schälen und in etwa 10 cm lange Stücke schneiden.

2 Wasser, 750 ml Milch, Mehl, Salz und Zitronensaft in einem Topf verrühren, aufkochen und die Schwarzwurzeln darin 5 Minuten kochen. Die Schwarzwurzeln mit einem Schaumlöffel herausheben, abtropfen lassen und beiseitestellen.

3 Den Backofen auf 190 °C vorheizen.

4 Die Kartoffeln schälen und in 1 mm dünne Scheiben schneiden oder mit einem Gemüsehobel in Scheiben hobeln. Die Knoblauchzehen nicht schälen, aber die Schalen andrücken.

5 Sahne und restliche Milch in einem Topf aufkochen und mit Salz, Pfeffer und Muskatnuss würzen. Die Knoblauchzehen zugeben und die Sahne-Milch 10 Minuten ziehen lassen. Dann durch ein feines Sieb passieren.

6 Eine Auflaufform mit etwas Butter einfetten. Kartoffeln und Schwarzwurzeln schichtweise in die Auflaufform legen und mit der Sahne-Milch-Mischung übergießen. Die Butter gleichmäßig über das Gratin verteilen.

7 Die Auflaufform mit Alufolie abdecken und mit einer Messerspitze kleine Löcher in die Folie stechen. Das Gratin im Ofen etwa 20 Minuten backen. Die Alufolie während der letzten 10 Minuten abnehmen, damit das Gratin etwas bräunt.

Das Gratin kann zusätzlich mit Käse, beispielsweise Gruyère oder Raclettekäse bestreut und überbacken werden.

Rinderbraten mit geschmorten Tomaten und Kartoffeln

Für 6 Personen
Zubereitungszeit: 35 Minuten
Ofenzeit: 35 Minuten
Schwierigkeitsgrad: mittel

1 kg kleine festkochende Kartoffeln
1,5 kg Roastbeef
1 TL Meersalz
frisch gemahlener schwarzer
   Pfeffer
4 EL Pflanzenöl
400 g Cocktailtomaten
200 g gelbe Tomaten
2 Zweige Rosmarin
20 g Butter

1 Die Kartoffeln waschen und in reichlich Salzwasser 15 Minuten kochen. Kurz abkühlen lassen, dann schälen und je nach Größe halbieren.

2 Den Backofen auf 210 °C vorheizen.

3 Das Roastbeef abspülen und mit Küchenpapier trocken tupfen. Äußere Sehnen und Häute an allen Seiten des Fleisches entfernen und die Fettschicht bis auf 5 mm abschneiden. Die Fettschicht mit einem scharfen Messer längs und quer einritzen, damit der Braten sich später leichter aufschneiden lässt, das Fett besser ausbraten kann und der Braten knusprig wird. Das Fleisch von allen Seiten mit Salz und Pfeffer einreiben.

4 Das Öl in einer Pfanne erhitzen und das Fleisch darin von allen Seiten etwa 2 Minuten kräftig anbraten.

5 Die Cocktailtomaten von den Rispen zupfen und waschen. Die gelben Tomaten ebenfalls waschen und vierteln.

6 Das angebratene Fleisch in einen Bräter geben. Kartoffeln und beide Sorten Tomaten um das Fleisch herum verteilen. Die Rosmarinzweige waschen, die Blätter von den Zweigen zupfen und über die Tomaten streuen.

7 Den Rinderbraten im Backofen etwa 35 Minuten braten. Zwischendurch immer wieder mit dem eigenen Bratensaft begießen und das Fleisch wenden.

8 Den Braten aus dem Bräter nehmen, auf ein Schneidebrett legen, mit Alufolie abdecken und 5 Minuten ruhen lassen. Dann mit einem großen Messer aufschneiden und zusammen mit Tomaten, Kartoffeln und Bratensauce servieren.

Schweinerollbraten mit getrockneten Pflaumen

Für 6 bis 8 Personen
Zubereitungszeit: 30 Minuten
Ofenzeit: 1½ Stunden
Schwierigkeitsgrad: schwierig

3 Zwiebeln
5 Karotten
3 Petersilienwurzeln
50 g getrocknete Apfelringe
20 ml Aprikosenlikör
1,5 kg Schweinenacken
  ohne Knochen
Salz
frisch gemahlener schwarzer
  Pfeffer
100 g getrocknete Backpflaumen
30 g Butter

1 Zwiebeln, Karotten und Petersilienwurzeln schälen und in grobe Stücke schneiden. Die Apfelringe in dem Likör einweichen.

2 Den Backofen auf 180 °C vorheizen.

3 Den Schweinenacken mit einem scharfen Messer auf der Längsseite beginnend rundherum aufschneiden, sodass ein rechteckiges Fleischstück von gleichmäßiger Stärke entsteht – oder das Fleisch bereits beim Einkauf vom Metzger zuschneiden lassen. Das Fleisch mit Salz und Pfeffer würzen.

4 Apfelringe und Backpflaumen gleichmäßig auf dem Fleischstück verteilen. Anschließend eng aufrollen, mit Küchengarn umwickeln und zusammenbinden.

5 Einen Bräter mit Butter einfetten und den Rollbraten hineinlegen. Zwiebel- und Gemüsestücke rundherum verteilen. Den Braten in den Backofen geben und etwa 1½ Stunden braten, dabei immer wieder mit etwas Wasser begießen, sodass sich der Bratensatz löst.

6 Nach 1 Stunde Garzeit den Braten wenden und weiterbraten. Am Ende der Garzeit mit einer Gabel prüfen, ob das Fleisch weich ist. Den Rollbraten aus dem Bräter nehmen, in dicke Scheiben schneiden und mit Bratsud und Gemüse aus dem Bräter servieren.

Als Beilage zum Rollbraten passen sehr gut
Röstkartoffeln (s. S. 44)
oder auch Kartoffelpüree (s. S. 198).

Gänsekeule mit Rotkohl & Semmelknödeln

Für 4 Personen
Zubereitungszeit: 1½ Stunden
Ofenzeit: 70 Minuten
Schwierigkeitsgrad: schwierig

Gänsekeulen:
4 Gänsekeulen
Salz
frisch gemahlener schwarzer
   Pfeffer
4 Zwiebeln
2 säuerliche Äpfel (Boskop)
1 TL Kreuzkümmelsamen
¼ TL getrockneter Majoran
Wasser, zum Angießen

Rotkohl:
1,5 kg Rotkohl
Salz
1 säuerlicher Apfel (Boskop)
2 Zwiebeln
2 EL Gänseschmalz
1 EL Zucker
5 Pimentkörner
3 Gewürznelken
1 Zimtstange
2 Lorbeerblätter
½ EL gemahlener Kreuzkümmel
250 ml Wasser
4 EL Apfelessig
1 EL Preiselbeerkonfitüre

Semmelknödel:
siehe Seite 140

1 Für das Gemüse den Rotkohl waschen, die äußeren Blätter entfernen, vierteln, den Strunk herausschneiden und in feine Streifen schneiden. In eine Schüssel geben, mit Salz bestreuen und mit den Händen kräftig durchkneten. 10 Minuten ziehen lassen.

2 Den Apfel schälen, vierteln, entkernen und in feine Scheiben schneiden. Die Zwiebeln schälen, halbieren und in Streifen schneiden.

3 Das Gänseschmalz in einem Topf erhitzen, Zwiebelstreifen und Apfelstücke hineingeben, mit dem Zucker bestreuen und 2 Minuten anbraten. Den Rotkohl zugeben und weitere 2 Minuten andünsten.

4 Gewürze und Wasser zugeben und das Gemüse abgedeckt etwa 35 Minuten bei mittlerer Hitze garen, dabei gelegentlich umrühren. Zum Schluss mit Essig und Preiselbeerkonfitüre abschmecken und bis zum Servieren beiseitestellen.

5 Den Backofen auf 190 °C vorheizen. Die Gänsekeulen mit Salz und Pfeffer einreiben. Die Zwiebeln schälen und vierteln. Die Äpfel vierteln und entkernen.

6 Die Gänsekeulen mit der Haut nach unten in einen Bräter legen, mit Zwiebel- und Apfelvierteln, Kümmel und Majoran bestreuen und mit kaltem Wasser etwa 1 cm hoch aufgießen.

7 Die Keulen im Ofen 70 Minuten braten, nach 30 Minuten wenden und zwischendurch mit etwas Wasser den Bratensatz ablöschen und vom Boden lösen, um eine Sauce zu ziehen.

8 In der Zwischenzeit die Semmelknödel zubereiten (s. S. 140).

9 Die Gänsekeulen mit Semmelknödel, Bratensauce und Zwiebel-Apfelstücken aus dem Bräter sowie Rotkohl servieren.

Eisbein mit Schnippelbohnen & Kartoffelpüree

Für 4 Personen
Zubereitungszeit: 3 Stunden
Schwierigkeitsgrad: schwierig

Eisbein:
3 l Wasser
2 Eisbeine à 800 g
2 Zwiebeln
2 Lorbeerblätter
2 Gewürznelken
2 Karotten
2 Petersilienwurzeln
Salz
10 schwarze Pfefferkörner

Kartoffelpüree:
1 kg mehlig kochende Kartoffeln
Salz
40 g Butter

Schnippelbohnen:
600 g grüne Buschbohnen
Salz
1 Zwiebel
1 Bund glatte Petersilie
2 EL Sonnenblumenöl
frisch gemahlener schwarzer
    Pfeffer
1 Prise frisch geriebene
    Muskatnuss
scharfer Senf, zum Servieren

1 Für das Eisbein das Wasser in einem großen Topf aufkochen. Die Eisbeine waschen, in das kochende Wasser geben und 30 Minuten bei mittlerer Hitze köcheln lassen.

2 Die Zwiebeln schälen und mit Lorbeerblättern und Gewürznelken spicken. Karotten und Petersilienwurzeln waschen, schälen und mit den gespickten Zwiebeln zum Eisbein geben. Salz und Pfefferkörner zugeben und das Fleisch bei schwacher Hitze weitere 2 Stunden köcheln lassen.

3 Für das Kartoffelpüree die Kartoffeln schälen, vierteln und in einen Topf geben. Mit Wasser bedecken, salzen und 20 Minuten kochen. Mit einer Gabel prüfen, ob die Kartoffeln gar sind. Das Wasser abgießen und die Butter zugeben. Mit einem Kartoffelstampfer oder Pürierstab die Kartoffeln je nach Belieben grob oder fein zerdrücken bzw. pürieren und bis zum Verzehr abgedeckt warm halten.

4 Für das Bohnengemüse den Stielansatz der Bohnen abbrechen, aber die feinen Spitzen nicht entfernen. Die Bohnen waschen, schräg in 4 cm lange Stücke schneiden, in kochendes Salzwasser geben und 5 Minuten kochen. In ein Sieb abschütten, unter fließendem kaltem Wasser abschrecken, abtropfen lassen und beiseitestellen.

5 Die Zwiebel schälen, halbieren und in feine Würfel schneiden. Die Petersilie waschen, die Blätter von den Stängeln abzupfen und fein schneiden.

6 Das Öl in einer Pfanne erhitzen und die Zwiebelwürfel darin goldgelb andünsten. Die Bohnen zugeben und mit Salz, Pfeffer und Muskatnuss würzen. In der Pfanne durchschwenken und 1 Minute lang erhitzen. Zum Schluss die Petersilie unter die Bohnen mischen.

7 Die Eisbeine auf ein Schneidebrett geben und das Fleisch mit einem Messer vom Knochen ablösen. Je nach Geschmack die Schwarte entfernen oder mit der Schwarte in Stücke schneiden. Mit Kartoffelpüree, Schnippelbohnen und Senf servieren.

Backfisch mit Remouladensauce

Für 4 bis 6 Personen
Zubereitungszeit: 1 Stunde
Schwierigkeitsgrad: mittel

Backfisch:
3 Eier
300 g Mehl (Type 405)
1 TL Backpulver
Salz
360 ml Bier
600 g Seelachsfilet
1 Prise weißer Pfeffer
Saft von ½ Zitrone
2 l Pflanzenöl zum Frittieren,
   plus etwas mehr für den Backteig
Zitronenviertel, zum Garnieren
Essiggurken, nach Belieben

Mayonnaise (ergibt 200 ml):
2 Eigelb
1 TL scharfer Senf
½ TL Salz
200 ml Sonnenblumenöl
Saft von ½ Zitrone
1 Prise Cayennepfeffer

Remouladensauce:
3 Schalotten
3 kleine Essiggurken
½ Bund Petersilie
½ Bund Kerbel
3 Sardellenfilets
1 EL Kapern
200 ml Mayonnaise (s. o.)
1 TL scharfer Senf
½ TL Worcestersauce
Salz und schwarzer Pfeffer

1 Für die Mayonnaise Eigelb, Senf und Salz in einer Schüssel mit einem Schneebesen verrühren. Die Hälfte des Sonnenblumenöls nach und nach zugießen und kräftig einrühren. Dann Zitronensaft und Cayennepfeffer unterrühren und das restliche Öl nach und nach einrühren, bis eine glatte Masse entsteht.

2 Für die Remouladensauce die Schalotten schälen, halbieren und in feine Würfel schneiden. Die Essiggurken in dünne Scheiben und schließlich in feine Würfel schneiden. Petersilie und Kerbel waschen, verlesen und fein hacken. Sardellenfilets und Kapern ebenfalls fein hacken. Alle Zutaten mit der Mayonnaise verrühren. Senf und Worcestersauce zugeben, verrühren und mit Salz und Pfeffer würzen. Die Sauce bis zur Verwendung abgedeckt im Kühlschrank beiseitestellen.

3 Für den Backteig die Eier trennen und das Eiweiß kalt stellen. Eigelb, Mehl, Backpulver und 1 Prise Salz in einer Rührschüssel mit einem Schneebesen vermengen. Das Bier nach und nach einrühren, bis der Teig glatt ist. Etwas Öl unterrühren, damit der Teig beim Ausbacken knusprig wird. Eiweiß und 1 Prise Salz mit dem Handrührgerät halb steif schlagen und unter den Teig heben.

4 Das Seelachsfilet in etwa 60 g schwere Stücke schneiden, salzen, pfeffern, mit dem Zitronensaft beträufeln und die Stücke vorsichtig durch den Backteig ziehen.

5 Das Öl in einem großen Topf auf 160 °C erhitzen. Die Fischstücke in das heiße Öl geben, etwa 5 Minuten im Öl schwimmend backen und dabei wenden. Mit einem Schaumlöffel herausnehmen und auf Küchenpapier abtropfen lassen.

6 Den Backfisch mit der Remouladensauce anrichten, mit den Zitronenvierteln garnieren und nach Belieben mit Essiggurken servieren.

Sehr gut zum Backfisch passt Kartoffel-Radieschen-Salat (s. S. 40).

Schokoladen-Eiskonfekt

Zubereitungszeit:
30 Minuten
Schwierigkeitsgrad:
einfach

250 g Butter
150 g Puderzucker
70 g Kakaopulver

1 Butter, Zucker und Kakaopulver in einem Topf unter Rühren schmelzen.

2 Die Schokocreme in kleine Förmchen füllen und sofort in den Schnee oder das Eisfach stellen und abkühlen lassen.

3 Danach aus den Förmchen herausklopfen und als hausgemachtes Schokoladen-Eiskonfekt servieren.

Ein gelungenes Vergnügen für verschneite Winternachmittage und eine schnelle Alternative zum Plätzchenbacken ...

Marzipan-Bratapfel mit Vanillesauce

Für 4 Personen
Zubereitungszeit: 20 Minuten
Backzeit: 20 Minuten
Schwierigkeitsgrad: mittel

Bratäpfel:
4 säuerliche Äpfel (Boskop)
75 g Marzipanrohmasse
2 EL gehackte Haselnüsse
2 EL Mandelstifte
2 EL Rum
20 g Butter, in Stücke geschnitten
30 g brauner Zucker

Vanillesauce:
20 g Speisestärke
500 ml Milch
2 Eigelb
40 g Zucker
Mark von ½ Vanillestange

Puderzucker, zum Bestäuben

1 Den Backofen auf 175 °C vorheizen.

2 Für die Bratäpfel die Äpfel waschen, einen Deckel abschneiden und das Kerngehäuse mit einem runden Ausstecher herauslösen.

3 Für die Füllung Marzipan, Nüsse, Mandeln und Rum in eine Schüssel geben und glatt verkneten.

4 Die Äpfel mit der Marzipan-Nuss-Masse füllen und den Apfeldeckel wieder daraufsetzen.

5 Die gefüllten Äpfel in eine Auflaufform geben, mit den Butterstücken belegen, mit dem Zucker bestreuen und im Ofen etwa 20 Minuten backen.

6 Für die Sauce die Speisestärke mit 3 Esslöffeln Milch glatt rühren, dann das Eigelb einrühren.

7 Restliche Milch, Zucker und Vanillemark in einem Topf aufkochen. Mit einem Schneebesen die Speisestärke-Eigelb-Mischung einrühren. Unter Rühren kurz aufkochen lassen und sofort von der Herdplatte nehmen.

8 Die Sauce durch ein feines Sieb passieren und bis zur Verwendung mit Frischhaltefolie abdecken, damit sich keine Haut bildet.

9 Die Bratäpfel zum Servieren in Schälchen geben, mit der warmen Vanillesauce begießen und mit Puderzucker bestäuben.

Eierlikör

Ergibt 1¼ Liter Likör
Zubereitungszeit: 1 Stunde
Schwierigkeitsgrad: einfach

1 Vanillestange
250 g Zucker
600 ml Milch
200 g Sahne
6 Eigelb
200 ml Rum (54 % Vol.)

1 Die Vanillestange der Länge nach halbieren und das Mark herauskratzen. Die Hälfte des Zuckers mit Milch, Sahne und Vanillemark in einem Topf aufkochen.

2 Eigelb und restlichen Zucker in einer Rührschüssel mit dem Handrührgerät schaumig aufschlagen.

3 Die Vanille-Sahne-Milch in die Eiermasse gießen und mit einem Holzlöffel glatt rühren. Die Konsistenz der Creme ist gut, wenn sich beim Pusten auf die Masse am Holzlöffel ein leicht welliges, rosenähnliches Muster bildet (diesen Vorgang nennt man „zur Rose abziehen").

4 Die Milch-Eier-Creme durch ein feines Sieb passieren und leicht abkühlen lassen. Den Rum mit einem Pürierstab auf mittlerer Stufe einarbeiten, dann vollständig auskühlen lassen.

5 Den Eierlikör in eine saubere Flasche abfüllen und diese luftdicht verschließen. Im Kühlschrank aufbewahren und bald verbrauchen.

Der hausgemachte Eierlikör schmeckt hervorragend einfach nur pur oder auch zu Bratäpfeln (s. S. 206), zum Schokoladenpudding (s. S. 210) und über frische Erdbeeren geträufelt.

Schokoladenpudding mit Vanillesahne

Für 4 bis 6 Personen
Zubereitungszeit: 1 Stunde
Schwierigkeitsgrad: einfach

650 ml Milch
200 g Zartbitterschokolade
  (80 % Kakaoanteil)
60 g Speisestärke
400 g Sahne
40 g Bourbon-Vanillezucker
30 g Schokoladenspäne,
  zum Garnieren

1 600 ml Milch in einen Topf geben und erhitzen. Die Schokolade mit einem großen Küchenmesser grob hacken, in die Milch geben und unter ständigem Rühren aufkochen, bis die Schokolade aufgelöst ist.

2 Speisestärke und restliche Milch glatt rühren. Dann mit dem Schneebesen in die heiße Schokoladenmilch einrühren, kurz aufkochen lassen und vom Herd nehmen.

3 Den Pudding in eine Schüssel füllen und mit Frischhaltefolie abdecken, sodass sich keine Haut bildet. Zum Abkühlen beiseitestellen.

4 Kalte Sahne und Vanillezucker mit einem Handrührgerät steif schlagen. Sobald der Pudding erkaltet ist, erneut mit dem Schneebesen kräftig durchrühren und zwei Drittel der Schlagsahne leicht und unregelmäßig unterziehen, sodass eine marmorierte Creme entsteht.

5 Den Schokoladenpudding in Portionsschalen füllen und mit der restlichen Schlagsahne und den Schokoladenspänen garnieren.

*Im Sommer frische Beerenfrüchte wie Himbeeren, Walderdbeeren
oder Heidelbeeren unter den Schokoladenpudding mischen –
das macht ihn frischer und interessanter.*

Quark-Christstollen

Ergibt 2 Stollen
Zubereitung: 2 Stunden
Ruhezeit: 8 Stunden
Backzeit: 50 Minuten
Schwierigkeitsgrad: schwierig

Früchtemischung:
500 g Sultaninen
70 g Zitronat
130 g Orangeat
130 g Mandelsplitter
20 ml Rum
1 TL Zitronenaroma
50 ml Wasser

Vorteig:
210 g Mehl (Type 550), plus
    etwas mehr zum Bestäuben
42 g frische Hefe (1 Würfel)
150 ml Milch
1 EL Zucker

Hauptteig:
220 g Mehl (Type 550)
1 Prise Salz
80 ml Milch
1 kleines Ei
2 Eigelb
25 g Zucker
1 TL Zitronenaroma
1 TL Vanillearoma
150 g Marzipanrohmasse,
    klein geschnitten
100 g kalte Butter
100 g Magerquark
200 g Butter, zerlassen
250 g Vanillepuderzucker,
    zum Bestäuben

1 Alle Zutaten für die Früchtemischung in einer Schüssel mit dem Wasser vermengen. Mit Frischhaltefolie abgedeckt an einem warmen Ort über Nacht ziehen lassen.

2 Für den Vorteig Mehl, Hefe, Milch und Zucker in einer Küchenmaschine mit dem Knethaken etwa 15 Minuten zu einem geschmeidigen Teig verarbeiten. Anschließend abgedeckt an einem warmen Ort 30 Minuten gehen lassen.

3 Für den Hauptteig Mehl, Salz, Milch, Ei, Eigelb, Zucker und Aromen zu einem weichen Teig verrühren. Den Vorteig zufügen und alles erneut etwa 10 Minuten in der Küchenmaschine verkneten.

4 Das Marzipan zugeben und weiterkneten, bis der Teig sich vom Schüsselrand löst. Die Butter Stück für Stück sowie den Quark unterrühren, bis ein gebundener Teig entsteht, der Blasen wirft.

5 Den Backofen auf 190 °C vorheizen.

6 Die eingeweichten Früchte mit der Hand unterkneten. Den Teig erneut abgedeckt 20 Minuten ruhen lassen. Danach vorsichtig zusammendrücken, zu einer Kugel formen und nochmals 10 Minuten ruhen lassen.

7 Den Teig halbieren, beide Hälften auf einer bemehlten Arbeitsfläche ausrollen und jeweils von beiden Seiten zu zwei länglichen Stollen zusammenfalten. Mit der Nahtstelle nach unten in zwei Stollenformen legen und verschließen.

8 Die Stollen etwa 50 Minuten im Ofen backen, dabei die Temperatur nach 5 Minuten auf 175 °C reduzieren. Nach dem Backen sofort auf ein Gitter stürzen, mit der zerlassenen Butter einpinseln und im Vanillepuderzucker wälzen.

Vanillecreme mit Lebkuchen, Spekulatius & Rumtopf

Für 6 Personen

Zubereitungszeit: 10 Minuten (Rumtopf), 50 Minuten (Lebkuchen und Creme)

Ruhezeit: 4 Monate (Rumtopf), 2 Stunden (Lebkuchen)

Schwierigkeitsgrad: mittel

Rumtopf:
200 g Backpflaumen
200 g Rosinen
100 g getrocknete Aprikosen
700 ml Rum

Lebkuchen:
150 g Butter
280 g brauner Zucker
3 Eier
1 Eigelb
80 g fein gemahlene Mandeln
50 ml Milch
550 g Mehl (Type 405), plus etwas mehr zum Bestäuben
1 TL Lebkuchengewürz
½ TL gemahlene Muskatnussblüte
1 Msp. gemahlene Gewürznelke

Vanillecreme:
800 ml Milch
200 g Sahne
2 Päckchen Vanille-Puddingpulver
120 Zucker
2 TL Vanillezucker
2 Eigelb

100 g Spekulatius
250 g Orangen
250 g Mandarinen

1 Für den Rumtopf die Früchte unter heißem Wasser abwaschen, in einen hohen Steingut- oder Porzellan-Topf mit Deckel (2 l Inhalt) geben und mit dem Rum aufgießen. Den Topf kühl und dunkel 4 Monate lagern. Die Früchte gelegentlich umrühren und gegebenenfalls erneut Rum aufgießen, sodass sie immer bedeckt sind.

2 Für die Lebkuchen Butter und Zucker in einer Küchenmaschine verrühren. Eier, Eigelb, Mandeln und Milch nach und nach unterrühren. Das Mehl auf eine Arbeitsfläche und die Butter-Zucker-Mischung in die Mitte geben. Lebkuchengewürz, Muskatnussblüte und Gewürznelke darüberstreuen und alles zu einem glatten Teig verarbeiten. Den Teig in Frischhaltefolie einwickeln und etwa 2 Stunden im Kühlschrank ruhen lassen.

3 Den Backofen auf 180 °C vorheizen und ein Backblech mit Backpapier auslegen. Den Teig auf einer bemehlten Arbeitsfläche mit einer Teigrolle 8 mm dick ausrollen, in quadratische Stücke schneiden und diese auf das Backblech legen. Die Lebkuchen 10 Minuten im Ofen backen, dann auskühlen lassen und beiseitestellen.

4 Für die Vanillecreme Milch und Sahne vermischen. Puddingpulver, Zucker und Vanillezucker mit einem Drittel der Sahne-Milch glatt rühren. Dann das Eigelb zugeben und erneut glatt rühren.

5 Die restliche Sahne-Milch in einem Topf aufkochen, vom Herd nehmen und das angerührte Puddingpulver mit einem Schneebesen einrühren. Den Topf wieder auf den Herd stellen und die Masse unter Rühren erneut aufkochen, bis eine glatte Creme entsteht – nicht zu lange kochen, da sonst das Ei gerinnt.

6 Lebkuchen und Spekulatius mit den Händen grob zerbröseln. Einige Brösel zum Garnieren zurückbehalten, den Rest in eine große Schüssel füllen.

7 Orangen und Mandarinen schälen, in kleine Stücke schneiden und mit 6 Esslöffeln Rumfrüchten vermischen. Die Früchte auf den Bröseln verteilen, die Vanillecreme darübergeben und mit den zurückbehaltenen Plätzchenbröseln bestreuen.

Arme Ritter mit Zimtzucker

Für 4 Personen
Zubereitungszeit: 20 Minuten
Schwierigkeitsgrad: einfach

3 Kaisersemmeln oder
   Milchbrötchen vom Vortag
250 ml Milch
2 Eier
3 EL gemahlene Haselnüsse
50 g Butter
3 EL Zucker
1 TL Zimt

1   Die Semmeln oder Brötchen in 2 cm dicke Scheiben schneiden und nebeneinander in eine flache Auflaufform legen. Mit der Milch begießen und 5 Minuten einweichen lassen.

2   Eier und Haselnüsse in einer Schale verrühren und die eingeweichten Scheiben vorsichtig durch die Eiermasse ziehen.

3   Die Butter in einer Pfanne schmelzen. Die Scheiben darin von beiden Seiten goldgelb ausbacken. Sobald sie knusprig sind, aus der Pfanne nehmen, auf einem Küchenpapier kurz abtropfen lassen und auf einer Platte anrichten.

4   Zucker und Zimt vermischen und über die noch warmen Armen Ritter streuen.

Die Armen Ritter schmecken sehr gut mit Apfelmus (s. S. 74) oder können im Frühling oder Sommer zu Kaltschalen (s. S. 52, 120) serviert werden.

Kalter Hund

Für 4 bis 6 Personen
Zubereitungszeit: 30 Minuten
Kühlzeit: 6 Stunden
Schwierigkeitsgrad: mittel

450 g Zartbitterschokolade
450 g Butter
150 g Walnusskerne
36 Butterkekse
Puderzucker, zum Bestäuben

1 Eine kleine Kastenform (20 cm Länge) vollständig mit Backpapier auslegen und beiseitestellen.

2 Die Schokolade mit einem Messer grob hacken. Die Butter in kleine Stücke schneiden.

3 Schokolade und Butter in einer halbrunden Metallschüssel über einem Wasserbad bei geringer Hitze unter ständigem Rühren schmelzen, bis eine glatte Creme entstanden ist. Vom Herd nehmen und etwas abkühlen lassen.

4 In der Zwischenzeit die Walnusskerne mit einem Messer grob hacken.

5 Etwas von der Schokoladencreme in die Kastenform geben, mit 1 Lage Kekse bedecken und einige Walnüsse darübergeben. Erneut eine Schicht Schokoladencreme einfüllen und mit Keksen und Walnüssen bedecken. So fortfahren, bis alle Kekse verbraucht sind, und mit einer Schicht Schokolade abschließen.

6 Die Kastenform mit Frischhaltefolie abdecken und mindestens 6 Stunden im Kühlschrank kalt stellen. Den Kalten Hund aus der Form stürzen, das Backpapier entfernen, in 2 cm dicke Scheiben schneiden und zum Servieren mit Puderzucker bestäuben.

Der Kalte Hund kann mit Vanillesauce (s. S. 204)
oder Vanilleeiscreme serviert werden.

Register